„...lesen, wie krass schön du bist konkret"

William Shakespeare, Sonett 18,
vermittelt durch deutsche Übersetzer
in 154 + 1 Versionen

Herausgegeben und eingeleitet von
Jürgen Gutsch,
mit einem Geleitwort des Bibliographen
Eymar Fertig

EDITION SIGNAThUR Dozwil/Schweiz
2003

Erste Auflage 2003
Alle Rechte vorbehalten
© by EDITION SIGNAThUR, CH-8580 Dozwil TG
Bruno Oetterli Hohlenbaum; E-Mail: signathur@gmx.ch
Umschlag unter Verwendung einer Zeichnung von Friedrich Wüstenberg nach dem Chandos-Porträt William Shakespeares um 1610, das John Taylor zugeschrieben wird
Layout und Druckeinrichtung: Jürgen Gutsch; E-Mail: jgutsch@t-online.de
Druck: Jacob Druck GmbH Kreuzlingen / Konstanz
Buchbinderische Verarbeitung: Walter GmbH Heitersheim
ISBN 3-908141-28-1 broschierte Studienausgabe
ISBN 3-908141-29-X Vorzugsausgabe in 30 handschriftlich nummerierten Exemplaren aus der Werkstatt von Jürgen Gutsch (nicht im Handel)

für Renireim

Inhaltsverzeichnis

Geleitwort des Bibliographen S.9

Vorwort des Herausgebers S.13

William Shakespeare, Sonnet № XVIII S.25

154+1 Versionen von Shakespeares Sonett 18 .... S.26

Alte und neue Interlinearversionen S.28

Die erste Hälfte des 19. Jahrhunderts (um Regis) S.33

Die zweite Hälfte des 19. Jahrhunderts (um Bodenstedt) S.45

Moderne (nach Stefan George, bis etwa 1970) S.59

Gegenwart (ab etwa 1970) S.102

Mundartversionen und Kontrafakturen S.148

Didaktischer Appendix S.174

Zugabe S.175

Geleitwort
(des Bibliographen)

Wie schlimm es ihm beim Sonettieren ergangen, und dass solcher Landplage kein Ende, wofür kein Geringerer als das Haupt der romantischen Schule August Wilhelm Schlegel verantwortlich sei: Diesen Übelstand beklagte schon vor 200 Jahren der Leipziger Gymnasialprofessor Georg Friedrich Messerschmid(t) (1771–1831) in einem Brief vom 21. April 1804 an den Herausgeber eines *Taschenbuchs zum geselligen Vergnügen*, Wilhelm Gottlieb Becker (1753–1813). Schamhaft fügt der Schreiber diesem Lamento hinzu, er selbst habe erst spät das Sonett liebgewonnen und „sogar einige von Shakespeare und Milton [...] übersetzt". Leider kennen wir sie nicht.

Können wir aus heutiger Sicht bestätigen, dass das Übersetzen von Shakespeare-Sonetten unter den Begriff „Modetorheit" fällt? Fast ist man geneigt, wenigstens die Frage hypothetisch zuzulassen, bedenkt man die ungeheure Zahl der metrisch gebundenen Übersetzungen, Imitationen und Kontrafakturen in fast alle, auch die orientalischen und künstlichen Sprachen. Die von unserem Herausgeber dankenswert laufend ergänzte Übersetzungsstatistik spricht von weit über 200 Gesamt- und Teilübertragungen allein ins Deutsche, unter Einschluß der Mundarten, davon über 60 Gesamtübertragungen. Auch in diesem Buch sind 155 Beispiele regen Nachschaffens seit Beginn einer deutschen Nationalliteratur versammelt. Mit Recht spricht Werner Habicht, einer der wichtigsten Förderer unseres Unterfangens, in einem Brief vom 29. Juni 2003 darüber, wie „schier unerschöpflich der Strom der Annäherungen an das Shakespearesche Sonettenwerk weitersprudelt". Und man darf hinzusetzen: Besonders lebhaft seit den 1980er-Jahren, in denen sich auch die Bühne mit szenischen Darstellungen beteiligte, nachdem 1985 Wolfgang Engel in Dresden sich dieses Sujets erstmalig glanzvoll bemächtigt hatte.

Es scheint, dass dieses Phänomen die Wissenschaft eher ein wenig verärgert hat. So erklärt Günther Erken in der 4. Auflage des als Standardwerk der deutschen Shakespeareforschung zu betrachtenden Shakespeare–Handbuchs 2000 auf Seite 848 diesen Boom als eine „Art Breitensport der Literaten und Nichtliteraten". Lassen wir einen Poeten und Shakespeare-Übersetzer, Hans Magnus Enzensberger, die rechte Antwort geben, welcher im Postscriptum seines Übersetzungsbandes *Geisterstimmen* (1999) von einer Bereicherung der Literatur durch die Kunst der Übersetzer spricht. Ohne diese unaufhörliche, nicht einzudämmende „Migration" wären nicht nur die Literatur, sondern auch die Sprache „ein trostloses Heimspiel" geblieben (S.393).

In dem vorliegenden Buch ist nun gewiß kein Wettstreit unter lebenden (und toten) Dichtern intendiert. Wem die Palme gebührt in dem tollkühnen Unternehmen, Shakespeares Sonetten neuen Atem zu verleihen, welche Generation ehestens disponiert gewesen ist, von der Nachromantik (Regis 1836) bis zum Antiromantiker George (1909) und weiter bis in die Moderne im Gefolge Celans (1960–1964), mag für den Liebhaber ein vergnügtes Spiel, für den Gelehrten, wie jede Wertung, eine besondere Herausforderung bedeuten. Voraussetzung ist freilich, dass alle Traditionsebenen überschaubar bleiben, um einem gegründeten literarischen Verständnis die Bahn zu bereiten. Nur eine Ordnung nach Perioden – resp. Formbegriffen – vermag dies zu leisten, nicht eine lexikalische Reihung mehr oder weniger bekannter Autorennamen, wie sie die durch ihre Kommentierung anregende Anthologie *Shakespeare 66* von Ulrich Erckenbrecht enthielt (in der zweiten Auflage von 2001 mit 132 Übersetzungen des Sonetts 66).

Nicht nur der Zyklus der 154 Shakespeare-Sonette, auch das Einzelsonett ist von dramatischen Konflikten bestimmt. Recht glücklich hat der Herausgeber Sonett 18 zum Zwecke des Übersetzungsvergleichs gewählt, das dem Thema der Anbetung der Schönheit mit der Verheißung ewigen Lebens durch die Dichtkunst gewidmet ist.

Nur auf den ersten Blick handelt es sich um Lob und Preis, was die berühmten ersten Verse nahe legen, deren schwärmerischer Romeo-Ton freilich schon in eine rhetorische Frage gekleidet ist. Alsbald verdüstert sich jenes höchste Glück des „summer's day" in Bildern von schwankenden Himmelserscheinungen und jahreszeitlich bedingten Verfalls, denen der Dichter eine unerbittliche Naturgesetzlichkeit zuschreibt. Prägnant übersetzt Günter Plessow: „ob Zufall, ob Gesetz, wir wissens nicht".

Von diesen Bildern des Grauens vor der Macht der „devouring Time" (Sonnet 19) setzt sich die Botschaft des folgenden Sextetts scharf ab, nachdem schon das Adelsprädikat „more temperate" gründlich in Frage gestellt war. Freilich haben diese Verse in ihrer „triumphant tonality" (Helen Vendler, *The Art of Shakespeare's Sonnets*, 1997, S.121), einer Botschaft ewigen Lebens im Gedicht, etwas Hinreißendes; aber auffällig trägt diese Vision die Metapher eines „eternal summer". Diese Paradoxie lässt Zweifel aufkommen, ob nicht doch die Gegenkräfte des Wandels der Natur, der Zeit, der Liebe und der Kunst den Sieg über die verheißene Verklärung in „eternal lines" behalten.

Ob es einem Übersetzer gelingt, die innere Brüchigkeit des 18. Sonetts nachzugestalten, die aus der Unvereinbarkeit von demaskierter Menschlichkeit mit der utopisch scheinenden Unsterblichkeitsprophetie hervorgeht – das könnte ein Maßstab für die Beurteilung einer Übersetzung durch den Leser sein.

In allem Wandel der Stile gilt die strenge Form des Sonetts bis heute als verbindlich, auch wenn der fünfhebige Jambus in jüngster Zeit gelegentlich erweitert oder verknappt oder durch eine andere, freiere Metrik ersetzt wird. Damit schließen sich die deutschen Sonettisten an die neuere Tendenz der deutschen Dichtung (und somit auch der Nachdichtungen) an, die Heinrich Detering in einem instruktiven Übersichtsbericht als „Rückkehr zu alten Formen" charakterisiert: „Eine schöne Selbstverständlichkeit hat Einzug gehalten in die deutsche Lyrik, eine (noch immer) neue Natürlichkeit des Künstlichen; neben dem Museum der modernen Poesie wird, in schöner Nachbarschaft, der Salon des Sonetts wiedereröffnet" („Merkur" 56, 2002, H. 12, S.1121).

Eymar Fertig   Bremen, im Herbst 2003

Vorwort
(des Herausgebers)

„wê was sprich ich ôrenlôser ougen âne,
den diu minne blendet, wie mac der gesehen?"

scheint eine hilflose Frage – und ist doch der Entstehungsort eines gewaltigen Redens über die Liebe. Am Ende des Gedichts heißt es schon:

„du solt aber eines wizzen, frouwe,
das dich rehte lützel ieman bas danne ich geloben kan."[1]

So drückt Walther von der Vogelweide in seiner Sprache, noch ganz mittelalterlicher Bescheidenheit verpflichtet und doch schon im Wechselspiel mit stolzer Selbstdarstellung, den beherrschenden Gedanken von Sonett 18 aus – zu Beginn des 13. Jahrhunderts, 400 Jahre vor William Shakespeare – und der wiederum ist 400 Jahre von uns entfernt. Walthers Gedicht ist jenes, das wir unter der vielsagenden Zeile zu erinnern gewohnt sind: *„Saget mir ieman, waz ist minne"*. Allerdings ist in solcher Grundsätzlichkeit des Fragens nicht nur die *frouwe* auf des Dichters *geloben* angewiesen, sondern auch der Dichter auf die (oder den) Geliebte(n) – trotz aller Not angesichts seiner Sprachlosigkeit vor der *„minne"*: *„no woman, no cry"*. Shakespeare bestätigt uns das.

Wir befinden uns in einem 800-jährigen Disput über 'die Liebe'. Was kann einer, der liebt, und sei er auch ein Dichter, wirklich erkennen über sie? Nichts. Er kann wohl etwas fragen, etwas sagen, auch etwas fordern – und das mag viel sein. Was sich ihm dann erschließt, ist aber nicht die 'Natur der Liebe' – er wird sich nur am Ende der 'Natur' dessen nähern, worum sein

---

[1] Spalte 135 b der *Großen Heidelberger Liederhandschrift*, des sog. *Codex Manesse* („C"), aus dem frühen 14. Jahrhundert. Die Zitate in neuhochdeutscher Version: *O weh, was soll ich reden, ohren- und augenlos, wie ich bin; wie kann der sehen, den die Liebe blendet?* Und: *Du musst aber eines wissen, hohe Dame: keiner kann dich besser mit Worten ins rechte Licht rücken als ich.* – C reiht die beiden Gedanken in der Reihenfolge von Shakespeares Sonett 18 (*zuerst* die Erkenntnis-Situation des Dichters, *dann* der stolze Rekurs auf seine Dauer spendende dichterische Kraft) – und nicht in der Vertauschung Karl Lachmanns (auch er übersetzte übrigens Sonett Nr. 18!) und Carl von Kraus', der beiden bekannten Herausgeber der Walther-Lyrik.

Nachdenken kreist, und Walthers 'Unfähigkeit' wandelt sich zur Erklärung Shakespeares, nicht etwas nicht tun zu *können*, sondern nicht tun zu *wollen*.

Shakespeare wendet sich also ab mit skeptischer rhetorischer Frage – „*Shall I compare thee to a summer's day?*" – vom Naheliegenden, von der sich aufdrängenden analogen Sinnlichkeit eines Vergleichs des Geliebten mit der Natur, denn: 'Natur' ist der Geliebte eben gerade so wenig, wie die wahre Natur der Liebe ergründbar ist. Was ihn zum Geliebten macht, erschließt sich nicht den natürlichen Sinnen, sondern wird analytisch-diskursiv 'erarbeitet'. Während das geschieht, klingt das Gedicht, als wolle es allzu heftiges unkontrolliertes Gefühl eindämmen, wie es die Natur erzeugt, durch Hitze und Kälte, durch unerwarteten Schaden, durch ärgerlichen Zufall und unbeeinflussbare Gesetzmäßigkeit, zuvörderst durch die Vergänglichkeit. Gleichzeitig vergegenwärtigt dieses Sonett sehr reizvoll all diese 'Naturerzeugnisse'. Aber klar ist: Im Angesicht des Geliebten – oder eben *der* Geliebten, unser Sonett gehört ja zu denen, die das Geschlecht des Angeredeten im Unklaren lassen – verwirren sich der beherrschende Zugriff auf das Gefühl und die nüchterne Beobachtung. Die *truant Muse*, die pflichtvergessene Eingebung, ist zu schelten, Erwartungen des Dichters wie des Lesers werden enttäuscht, ohren- und augenlos wird der Beschreiber – und *tongue-tied* dazu, wie es bei Shakespeare auch heißt. Was dennoch entsteht, ist das Vertrauen auf eine im Wort geborene Idee, die sich abwendet von der sinnlichen Erscheinung, stattdessen zur Feder greift – „*that in black ink my love may still shine bright*" (Nr. 65). Natur bleibt unbenutzt: Vor allem keine Heftigkeiten! (Auch dieses Thema klingt schon im mittelalterlichen Tugendideal der *mâze* an.) Nur die Wörter bleiben – „*les mots*". Wörter werden zum Ort einer mit der Natur wetteifernden Verfügungsgewalt des Dichters über seinen Gegenstand, und diese Idee wird in den Sonetten immer und immer wieder vorgetragen, in Nr. 18 nur am unmissverständlichsten: *Keiner wird dich je besser als ich mit Wörtern beschreiben, und nur darin, aber darin sicher, ist dir – und mir – ewiges Leben beschieden:* „*So long lives this, and this gives life to thee*".

Das Gedicht verweigert also nicht nur, was man die eigentliche Arbeit des Dichters nennen könnte – nämlich das Zusammenführen dessen, was der Bezeichnung bedarf, mit einer vertrauten Bildwelt, – sondern es hebt zugleich die ewigkeitsspendende Kraft des dichterischen Worts, des Mittels allen Dichtens, pointiert hervor. Diese scheinbar paradoxe Erklärung des lyrischen Ichs ist das Fundament unserer sprachlichen Kunstwelt. Shakespeare präzisiert das – wie so vieles andere an der *conditio poetica* der Renaissance – um 1600 genau, und dies ist nicht die schlechteste Umschreibung für das Entstehen der Neuzeit: *Am Ende ward das Wort*. Wenn nun auch der deutsche Doktor Faust das Wort *„so hoch unmöglich schätzen"* kann (*Faust* I, 1226) und ihm sofort die Sehnsucht entgegenstellt, mit des Wortes Hilfe zu *„Sinn"*, *„Kraft"* und *„Tat"*, also zur natürlichen Wirklichkeit zurückzufinden, ist es für den Dichter doch für immer die *eigentliche* Wirklichkeit.[2] So blicken wir auch bezüglich dessen, was Europäern 'Liebe' heißt, auf ein 800-jähriges Reden, das ein Dichter einst als *favola*, als 'Erzählung', selbst begonnen hat: *„favola fui gran tempo..."* heißt es bei Francesco Petrarca, auch wenn er nicht stolz darauf ist, ja sich sogar zu schämen scheint (*„..., onde sovente | Di me medesmo meco mi vergogno"*), sich also seiner 'Täterschaft' durch Worte-Erfinden schon hier schuldhaft bewusst ist.

Petrarca führte den Minnesang des hohen Mittelalters mit der Fanfare *„Io canterei d'amor sí novamente"* im 14. Jahrhundert auf seine Weise fort – jetzt auch mit der am sizilisch-staufischen Kaiserhof Friedrichs II. erfundenen Form des Sonetts. Diese Gedichtform entwickelte sich nun über Lope de Vega in Spanien und Camões in Portugal, Ronsard und die Pléiade in Paris sowie die frühen Elisabethaner in London bis eben zum letzten Akt dieses langen und bunten Konzerts zu Anfang des 17. Jahrhunderts: 1609, sehr spät, erschienen William Shakespeares 154 Sonette im Druck. Er nun, Goethes *„Stern der schönsten Höhe"*, zieht seit seiner Wiederentdeckung im 18. Jahrhundert, in England wie in Deutschland, auf der Bahn einer fulminanten, ja der bedeutendsten Wirkungsgeschichte eines Einzelnen dahin, die es in den europäischen Literaturen je gab – und hinter ihm der Kometenschweif von Übersetzungen *in* alle Sprachen der Welt, wie er Vollender *aus* allen Sprachen des damaligen kultivierten Europa war. Er konnte sich dabei des elisabethanischen Englisch bedienen, der einzigen Literatursprache Europas, die so viel romanischen Wortschatz führte, dass eine Brücke zu den Vorbildsprachen bestand, und doch

---

[2] Die 'Wort-versus-Natur'-Empfindung gibt es hinfort überall; dafür nur ein Beispiel aus dem Biedermeier Wilhelm Müllers (*„Die schöne Müllerin"*, 1821) – noch ganz in der Paraphrase des 18. Sonetts, das Gedicht *„Mein"*, das den Besitz der Geliebten in Worte fasst: *„Frühling, sind das alle deine Blümelein? | Sonne, hast du keinen hellern Schein? | Ach, so muß ich ganz allein | Mit dem seligen Worte* Mein *| Unverstanden in der weiten Schöpfung sein!"* Das ist fast schon eine ironische Geste.

mit dem Westgermanischen einen neuen Weg ging. Diese Verschmelzung mehrerer Sprachtraditionen begünstigte seine Vermittlerrolle erheblich.

Doch wurde Shakespeare nicht durch die Sonette berühmt, sondern durch die Dramen, durch den *Hamlet*, *Romeo und Julia*, *King Lear*, *Macbeth*, ...! Dass nun dennoch gerade die Sonette eine so vielfältige Rezeption in Gang setzten, irritiert zunächst ein wenig. Auch ist sein am meisten beachtetes Sonett, unsere Nr. 18, weder sein tiefstes, noch sein bewegendstes; andere – das 30., das 66., das 73., das 97., das 116. usw. – greifen uns heftiger ans Herz.[3] Woran liegt es, dass die Sonette so wichtig, und Nr. 18 das bekannteste von allen wurde? Vielleicht ist es doch die poetologische Entschlossenheit, die grundsätzliche, fast erzieherische Beschaffenheit all dieser Gedichte im Allgemeinen – und der Nr. 18 im Besonderen. In Sonett 18 hat sich nach zwei Quartetten des Erwägens die nun plötzlich nicht mehr zweifelnde Seele durchgerungen und trifft eine klare Aussage zur wahren Rolle des Dichters. Der ist nicht freundlicher Benutzer bedenklicher Wirklichkeiten und bezieht seine Ideen nicht nur metaphorisch aus der Natur, auch nicht aus einem trivialen Standard der 'Natur der menschlichen Seele'; vielmehr ist er vor allem autarker Schöpfer im Medium Sprache, worin ein begrifflicher Kontext nicht nachgezeichnet, sondern stets neu entworfen wird. Damit betritt jedenfalls dieses Sonett eine Ebene des dichterischen Nachdenkens jenseits der *Hamlet*- und *Julia*-Erzählungen. Die Sonette sind auch keine Botschaft an den üblichen Adressaten von Lyrik (in der Art der Songs in den Dramen), sondern ein Forum strenger und seltsamer Fachsimpelei unter Experten, „*Passion's Discipline*", wie es eine aktuelle Ausstellung in New York zutreffend nennt – zugleich Shakespeares emanzipatorischer Schluss-Monolog im Gespräch mit der langsam dahinschwindenden petrarkistischen Dichter-Sozietät, der er noch einmal einen ganz neuen – aber auch den letzten Waffengang lieferte. So deutlich zu reden war vor Shakespeare nicht üblich, auch bei seinen Zeitgenossen Sidney, Drayton oder Spenser nicht, – man denke nur an die förmlichen Satiren wie Sonett 130 oder an

---

[3] Sonett Nr. 18 gilt auch unter seinen Herausgebern als ein sehr klares, ja einfaches Sonett. Obwohl dies nicht der Ort ist, auf die Forschung näher einzugehen, sei angedeutet, dass es, wie bei Shakespeare immer, auch hier vielleicht einen 'doppelten Boden' gibt. Hans-Dieter Gelfert wies in seinem Buch *Shakespeare* (München 2000) auf die im Text womöglich versteckte Schifffahrts- und Reise-Metaphorik hin. Es mögen also selbst in diesem gut verstandenen Gedicht noch Überraschungen auf uns warten.

den so genialen wie deutlich parodistischen Einfall, die *Madonna Laura* in einen jungen Mann zu verwandeln und nun mit diesem/r „*Master-Mistress*" (Nr. 20, nur zwei Schritte von 18 entfernt) ein bis heute verwirrendes Spiel zu treiben.

Es gibt eine grundsätzliche Antwort auf die Frage, weshalb es von Interesse sein könnte, zu einem im Jahre 1609 einmal fixierten englischen Gedicht – mag es die ihm zugeschriebene Bedeutung nun haben oder nicht – deutsche Übersetzungen aus über 225 Jahren zu sammeln. Diese Antwort beginnt mit einer 'Kritik der Aufgabe des klassischen Übersetzers'.

Worin besteht diese Aufgabe? Da sich das Gedicht vom Übersetzer ja in der Regel durch Zeit und Raum entfernt hält, hat er nicht nur das Wörterbuch zu befragen, sondern auch alle anderen zuerst nur 'gefühlten' Konstituenten des Originals zu erforschen und in ein entsprechendes Gesamt der Zielsprache zu verlagern. Das sind neben dem 'Ton' und der 'Lage' eines Gedichtes in seinem literarischen System auch die vermutete gattungsspezifische oder leserbezogene Geste des Dichters, die Sprachebene außerhalb mundartlicher oder soziolektischer Eigenheiten, das Ausmaß an metapoetischer Selbstreflexion – und zahlreiche weitere Faktoren. Dieser 'philologische' Übersetzer ist dann immer gleichsam der 'erste' Übersetzer, er 'ignoriert' seine Konkurrenten, um nicht etwa unbewusst von ihnen zu kopieren oder sich auf sie statt auf das Original zu beziehen; er will, so viel er irgend davon versteht, in eine andere Sprache und Zeit hinüber retten. Die Frage, ob er sich dabei der eigenen, aktuellen Literatursprache bedienen darf oder historisieren muss, stellt sich zudem. Liest ein Leser solche Übersetzungen *wertend*, sieht er zuerst die Abweichungen vom Original. Dann wird er die Unterschiede zwischen den so entstandenen Übersetzungen feststellen. Schließlich muss er mit eigenen Begriffen vom Original beurteilen, wer das 'beste' Äquivalent gefertigt hat.

Die Mühsal solchen Verfahrens – Übersetzer wie beurteilender Leser agieren als Literaturwissenschaftler – liegt auf der Hand. *(„Um Shakspeare's Gedichte zu übersetzen, dazu würde der größte Virtuos seines Fachs vielleicht zehn Jahre brauchen"*, meinte, dieses Problem betonend, im Jahr 1840 der Übersetzer Ernst Ortlepp.) Solche Mühe ist aber unnötig, denn es ist ein naiver Irrtum anzunehmen, dass Dichtung, Lyrik zumal, überhaupt übersetzt werden kann – 'übersetzt' in dem Sinn, dass ein 'Äquivalent' des Originals in einer andern Sprache erscheint. Das ist deshalb unmöglich, weil die Sprache eines Gedichts nicht nur sein zufälliges Kleid ist, sondern das Gedicht überhaupt nur aus Sprache besteht: Die vom Dichter gewählten Mittel sind nicht nur zweckgerichtetes, austauschbares Medium, sondern selbst schon Mitteilung; daher ja Shakespeares Inthronisation des dichterischen Worts. Dem Irrtum, dies sei anders, war die Praxis des Übersetzens aber sehr lange ausgesetzt, vor allem im 19. Jahrhundert, z.T. noch länger. Gewisse oft mit einigem Pomp vorgetragene Übersetzungstheorien, wie etwa die, die 'Interlinearversion' vermittle das 'genaue' philologische Textverständnis (als ob sich dies in einer 'linearen' Version vermitteln ließe und nicht eben nur in einem räumlich ausgedehnten Kommentar), die 'Übersetzung' dagegen sei ein 'künstlerisch gleichrangiges' Unternehmen (und eben darum schon adäquater Ausdruck des Originals), nun wolle man selbst irgendwo jenseits von beidem mit der 'Übertragung' (d.h. nicht selten dispensiert von aller Pflicht) zufrieden sein, – solche Überlegungen sind ein Spiel mit Begriffen, führen in Tautologien und verstehen das Grundproblem nicht: dass es nämlich so etwas wie Übersetzung gar nicht gibt, sondern nur immense philologische Mühe *hier* und künstlerisch zu verantwortende 'mediale Transposition' *dort* – beide zu Ehren des Originals. Darum ist auch der Begriff der 'philologischen Übersetzung' ein Widerspruch in sich. Eine Übersetzung, die sich aus der Philologie, eine Philologie, die sich aus der künstlerischen Übersetzung rechtfertigt, das gibt es beides eigentlich nicht. (Wohl gibt es eine 'Philologie des Übersetzens'.) Dennoch huldigte man lange der Idee, ein Shakespeare-Werk etwa (oder eines von Homer, Horaz, Dante oder Puschkin) sei im Grunde nur einmal 'richtig' zu übersetzen, dann könne es ebenso gut wie im Original auch in der Zielsprache weiterleben. (Fast wäre dies Schlegel/Tieck mit Shakespeares Dramen ja einmal geglückt!)

Die Übersetzungsgeschichte Shakespeares schon im 18., vor allem aber im 19. Jahrhundert belegt immer wieder: Als Begründung für eine neue Übersetzung wurde nicht ein neues Text-Interesse angezeigt – das hätte man für unerlaubt gehalten – sondern ganz im Gegenteil breit und angriffslustig dargelegt, sie sei eben darum unabdingbar, weil vorangehender Übersetzer X die falsche Vorlage benutzt habe, kein rechtes Englisch könne, über deutsche Gestaltungsmittel nicht ausreichend verfüge, manches aus persönlicher Beschränkung missverstanden, ja mit Absicht verfälscht habe, am Ende womöglich gar kein 'kongenialer Dichter' sei – kurz, aus zufälligen, handwerklichen oder ideologischen Gründen habe scheitern müssen. Zwei bekanntere Beispiele dafür: Gabriel Eckert befehdete Chr. M. Wielands und J. J. Eschenburgs Dramen-Übersetzung im „Mannheimer Shakespeare" (in den 70er-Jahren des 18. Jahrhunderts) heftig und 'bewies' den beiden älteren Herren unzählige 'Fehler' im Verständnis des Englischen (auch Schlegel/Tieck entgingen später diesem Schicksal nicht, hier waren Nikolaus Delius u.a. die Schulmeister) – und hundert Jahre danach legte Alexander Neidhardt eine 'Kampfübersetzung' der Sonette gegen Friedrich von Bodenstedts angeblich geschmäcklerisch-geglättete Version vor. Sogar noch ein sehr kluger Mensch der frühen Moderne, Karl Kraus, polemisierte gegen Stefan George mit dem simplen Argument, dieser beherrsche das Deutsche nicht, und trug diesen Streit gar erfolgreich in die Forschung. Wenn also die Übersetzer selbst, die es hätten besser wissen müssen (und auch durchaus mit den Augen zwinkerten!) ihre neuen Übersetzungen nur in solcher Kulisse zu inszenieren wagten, dann wollen wir uns nicht wundern über die noch heute anzutreffende Meinung, eine neue Übersetzung sei unnötig, wo es doch schon so viele gebe.

Übersetzung *ist* nötig, weil 'endgültige' Übersetzung unmöglich ist. Darum sollten uns Übersetzungen auch nicht *statt* des Originals zur Lektüre dienen, – wozu sie wohl einmal gedacht waren, als Fremdsprachenkenntnisse weniger verbreitet waren als heute. Sehr wohl sollten sie uns aber anregen zum Studium der Wirkungsgeschichte des Originals und zum *eternal re-reading*. Gegenüber dem Original ist ein immer neues Wahrnehmen zwar auch Gebot, aber eben nicht genauso leicht zu verwirklichen: Es ist weitaus schwieriger, hinter dem Wortlaut eines Wortes dessen Konnotationen zu sehen, die sich je nach persönlichem Standpunkt und historischem Standort ja aufs Komplizierteste zu ändern pflegen, obwohl doch dieser Wortlaut seit 400 Jahren derselbe ist, – als neuen Standpunkt und Standort in einer 'Abbildung' wahrzunehmen: in der Arbeit eines Übersetzers.[4] Hinzu kommt: Wenn das Original dauernd übersetzerische Kräfte freisetzt, wächst auch sein poetisches Gewicht.

Das heißt nicht, dass wir von schönen oder missratenen Übersetzungen, von Fehlerhaftem und Meisterlichem nicht reden dürften – von beidem legt unsere Sammlung reichlich Zeugnis ab, und dies ist mit Absicht so eingerichtet. Denn

---

[4] Hierher gehört auch das Phänomen der 'Struktur-Übersetzung': Mancher übersetzt, obwohl er gar nicht übersetzt, – Konrad Weiß etwa in seinem „*Der Baum im Laube*" (*Gedichte*, Zweiter Teil, München 1949, S. 25f.), wo er in recht irritierender Weise die Sonette 18 und 29 'benutzt'.

weder ist die 'gelungene' eine endgültige Übersetzung, noch ist die 'misslungene' bar jeder wichtigen Aussage über das Original. Darum verbot sich auch jede Zensur, selbst wenn dafür rein handwerkliche Gründe hätten angeführt werden können: holpernde Verse, ausgelassene oder versehentlich hinzugefügte Takte/Versfüße, falsche Reime, schlechte Assonanzen, stilistische, grammatische, übersetzerische und orthographische Fehler – all dies findet sich mehr als einmal auch in altehrwürdigen Versionen. Man missverstehe also die Absicht dieser Sammlung nicht: Sie ist *kein* 'The Best of the Best Sampler', keine nach Qualitätsrichtlinien eingerichtete Chrestomathie des durch ein Shakespeare-Sonett ausgelösten 'unvergänglichen Saitenspiels', sondern eine Dokumentation, auf deren Vollständigkeit allerdings Verlass ist. (Herausgeber und Verlag wollten darin genau sein und haben deshalb auch drei Torsi – von Flathe, Seiffert und Celan – in die Sammlung genommen.) Das Buch enthält nun *alle* irgend greifbaren deutschen Übersetzungen[5] von Sonett 18 seit 1787.

Außerdem kann der Leser nur so einen Standpunkt zur 'Übersetzungsrichtigkeit' gewinnen; es gibt ja eine Art der Betrachtung, die schon angesichts von zwei nebeneinander liegenden Übersetzungen in Verzweiflung gerät, – als könne nur eine von ihnen die Wahrheit besitzen, als trage jede weitere nur immer mehr zu dauerndem Unfrieden unter allen bei. Eine seltsame Befürchtung, wo doch stets nur die übersetzende Liebe zu einem Gedicht waltet – und sei sie auch im einzelnen Fall *Much Ado about Nothing* oder gar *Love's Labour's Lost*. Ja selbst dort, wo das Gedicht scheinbar beschädigt oder gar missbraucht wird zu einem sich nur in der Sprachwelt des Übersetzers erklärenden neuen Zweck, wollten wir den Stab nicht brechen. Auch die Vorhaltung des sog. 'Missverständnisses', die gern gemacht wird, wenn man die Unfähigkeit eines Übersetzers aus Höflichkeit nicht platt behaupten will, sie aber doch meint: Sie steht ebenso auf dem Boden einer problematischen Selbstsicherheit – wie so manche Übersetzung, die im Brustton der Überzeugung unbestreitbaren Unfug formuliert. So sehr nun jedem Leser seine eigene 'Orthodoxie' des Textverständnisses zusteht, so wenig konnten wir einen un-ortho-

---

[5] Wir haben 154+1 deutsche Übersetzungen zusammengetragen, – „deutsch" als sprachwissenschaftlicher, nicht nationaler Begriff. Dass wir damit Shakespeares eigenes Gebäude um ein Stockwerk übertroffen haben, also den Kirchturm von einem weltlichen Gebäude überragen lassen, war keine böse Absicht! Wir bitten um Nachsicht.

dox scheinenden Beitrag von vornherein ausschließen – auch nicht einen nach guten Kriterien misslungenen, wenn er wenigstens Mühe zeigt. Denn für das Kollektiv aller Leser gilt: Es kann gar nicht genug Übersetzungen geben, soll das Original wirklich begriffen werden. Das Urteil über Ge- und Misslingen steht dabei nicht im Vordergrund – auch wäre darüber nicht durch Vorauswahl Gewissheit zu erzielen. Übersetzungen sind Erkenntnismittel, d.h. ihr Misslingen, das überdies nur ein partielles sein mag, verrät unter Umständen mehr als ihr kongenialer Glanz.

Die Belohnung für Geduld auch mit dem Problematischen ist eine Pointe besonderer Art: Das Couplet des 18. Sonetts wird wahr, – das Gedicht, und mit ihm sein Dichter, sein angeredetes Du, ja sogar noch seine Übersetzer und seine stets neuen Leser, werden aus der Vergänglichkeit gerückt, *„wenn ew'ges Wort Dir ew'ges Leben leiht"* (Fritz Krauss). Das Gedicht behält am Ende Recht.

Unsere Sammlung zeigt also nicht nur einen fast mit den Prinzipien der romantischen Poetik erfassbaren Prozess, einen (in Friedrich Schlegels Begriffen) didaktischen Hinweis auf die Idee der „progressiven Universalpoesie", sondern auch Triviales. So verrät sie immer wieder die Verflachung des Unternehmens in Stereotypen, denn nicht die Vielfalt der Übersetzungen ist ja das Problem, sondern viel öfter deren Einfalt. Dass das Original sprachlich (nicht begrifflich!) so 'leicht' ist, hat manchen Übersetzer in eine Falle gelockt, – nicht zwar in textliche Fehlerhaftigkeit[6], das ist hier kaum möglich, jedoch in die der stilistischen Bewegungslosigkeit. *„Soll ich dich einem Sommertag vergleichen?"* – Dass wir das so oft lesen, ist dem Einzelnen nicht vorzuwerfen, es ist ja auch geradezu richtig übersetzt, dem Kollektiv der Übersetzer aber doch – wenn man's nur könnte! Auch wird die antithetische Gestalt des Gedichts mitunter zerredet. Darum wäre übersetzende Variation der gedanklichen Textur und bildlichen Landschaft dieses Gedichts aufs Innigste zu wünschen.

Im 'Jahrhundert-Sommer' 2003 entstand diese Sammlung. Gut möglich, dass der Dichter, hätte er diesen Sommer erlebt, den Vergleich des Geliebten mit der Stetigkeit – nicht mit der *temperance* – dieses Sommers doch einmal gewagt hätte: *So dauerst du, wie dieser Sommer währt!* Das wäre die Palinodie auf Sonett 18

---

[6] Freilich werden in den beiden Pärchen „Pracht"/„Pacht" und „Zeiten"/„Zeilen" doch gelegentlich – und sei es vom jeweiligen Setzer der Druckerei – die ähnlich klingenden Wörter vertauscht, auch wenn sie im Gedicht ja alle vier vorkommen dürften – nur eben nicht synonym!

– und doch eigentlich in den Begriffen der Poesie kein 'schlechteres' Lob für den Geliebten. Ein solches Verfahren wagen einige der Übersetzer, auf verschiedenen Wegen und in verschiedener Absicht; auch solche Texte sind auf dem Boden kenntnisreicher Liebe gewachsen.

Unser Buch enthält auch Dialekt- und 'sondersprachliche' Übersetzungen, obwohl man doch denken sollte, das Renaissance-Sonett sei gewiss das letzte Übungsfeld für Mundartdichter und auch gegen unziemliche Scherze gefeit. (Robert Gernhardt demonstrierte einst Anderes, nun sieht man ihn im Chor unsrer Übersetzer Buße tun!) Viele dieser Gedichte gewinnen neue Dimensionen, die sich an die einzelnen, fast schlichten Bildstationen des Originals zwar anheften, sie aber ins Weite, einmal sogar in eine erzählerische Fantasia führen – oder auch auf Nächstes reduzieren – wie in einer andern „Kunst der Fuge".

Den Sinn ursprünglicher Mitteilung, angeblich 'übersetzend', wirklich zu verlassen, bleibt der BabelFish-Übersetzungsmaschine im Internet vorbehalten, die wir hier nicht übergehen durften. Zwar erheben solche Werkzeuge gar nicht den Anspruch wenigstens einer wörtlichen 'Interlinearversion', sondern nur den der un-syntaktischen Wörterreihung (nicht einmal die gelingt ohne Fehler), aber selbst auf unterstem Duldungsniveau sind sie kaum zu gebrauchen. Ihre absurden Resultate adeln selbst die schlechteste *human translation*. Wir lesen folgendes Couplet:

„*solange Männer atmen können, oder Augen sehen können,
also sich sehnen Leben dieses, und dieser gibt das Leben zum thee.*"[7]

Da haben wir zwar nicht zu widersprechen: Jawohl, wir „Männer" sehnen uns, solange wir atmen, nach Leben, zum Fünf-Uhr-Thee, vielleicht mit diesem Buch in Händen, – und etwas zum Lachen gibt es dazu, – jedoch...!

Das übersetzerische Gegenteil ereignet sich in den zwölf Variationen auf unser Thema, deren Dichter je einen Baum-Namen tragen; sie stammen alle aus einer Hand. Sie sind wie Beethovens zwölf Variationen zu Mozarts „*Ein Mädchen oder Weibchen*" (op. 66) der lebende Beweis dafür, dass eine große Vorlage, vertieft sich ein liebender Könner in sie, auch noch nach 400 Jahren ein abwechslungsreiches poetisches Feuerwerk zünden und viel bislang Un-

---

[7] Fairerweise sei bemerkt, dass diese Software in neuerer Version inzwischen Besseres leistet; das „long" der letzten Zeilen wird z.B. jetzt richtig gedeutet.

entdecktes offenbaren kann. Die Musik bediente sich dieses Erschließungsmittels stets weitaus konsequenter als die Literatur. Es sei darum auf diese Suite ganz besonders aufmerksam gemacht.

Wir finden auf vielen Wegen zu Shakespeare, sogar in „Kanak-Sprak"! Die spricht so deutlich ihr „*If you prick us, do we not bleed?*", dass wir plötzlich sehen, wie 'restringierten' Soziolekten, kaum sind sie einmal im jambischen Pentameter gefangen, auch ganz unerwartete Zustandsbeschreibung glückt:

„Dein Sommer nach par Wochen weggeht nisch.
Du bleibs voll schön und keina macht kaputt.
Tod kriegt disch nie, und nie is Nacht für disch.
mach isch schon Text von dir, und alles gutt."

Diese Übersetzung redet unser Gedicht geradezu selbst an und setzt wie selbstverständlich 225 Jahre des 'Text-Machens' auf ihre Weise fort – auch sie ausgelöst von der Provokation dieser 14 Zeilen. Sie imitiert dabei Uli Bräkers Erlebnis vom Ende des 18. Jahrhunderts, die Geschichte nämlich „*von einem armen ungelehrten Weltbürger, der das Glück genoss, ihn zu lesen*". Dies ist für *ihn*, für Shakespeare, ein typisches Wirkungs-Ereignis auch heute noch. Es ist das, in Bräkers Worten, „*mit diesem lieben Mann reden, als wenn er bei mir am Tisch säße*". Das Couplet von Sonett 18 nennt den Grund:

„So lange wie bei Menschen noch was geht,
sie lesen, wie krass schön du bist konkret."

Ein Gleiches: das Ovidische Distichon Thomas Bartons in seinen GULIELMI SHAKESPEARE CARMINA QUAE SONNETS NUNCUPANTUR, Oxford 1913[8]:

„Donec homo spirabit enim poteritque videre,
Vivit in hoc vitae carmine causa tuae."

Nun sei dieser Satz William Shakespeare mit herzlichem Dank zurückgegeben.

Jürgen Gutsch   München, im November 2003

---

[8] Es wäre längst an der Zeit, dass sich ein des Lateinischen *und* der Shakespeare-Sonette Kundiger einmal der gewaltigen Sprachleistung Thomas Bartons annähme!

Nachbemerkung

Allen Beiträgern, vor allem den alten und neuen 'Sonett-Lieferanten', gilt unser großer Dank! Auch Autoren, die Mühe hatten, uns den kompromisslosen Sammeleifer nachzufühlen, haben uns am Ende ihre Fassung anvertraut. Ihnen danken wir besonders.

Die Pseudonyme wurden wunschgemäß nicht aufgelöst. Allen Übersetzungen beigefügt ist jeweils das Jahr der Entstehung bzw. ersten Publikation, den Autornamen auch die Lebensdaten (soweit bekannt). In die ursprüngliche Textgestalt (mit Ausnahme der beiden Jiddisch-Texte) wurde nicht eingegriffen; der Abdruck erfolgte, bei allen Gedichten auch bezüglich der Zeilenanordnung, ohne Änderung. Unter den Texten ist immer auch die Quelle genannt, wenn es sich nicht um einen Erstdruck handelt. Kurze weiterführende Anmerkungen schienen in bestimmten Fällen nützlich und folgen im Anschluss.

*

Dieses Buch wäre nicht möglich gewesen, wenn es nicht zahlreiche Freunde und Förderer in der Schweiz und in Deutschland durch eine geldgestützte Subskription im Vorhinein finanziert hätten. Vor allem hat sich hier durch einen respektablen Beitrag zu den Druckkosten die Max-Geilinger-Stiftung, Zürich verdient gemacht; – sie widmet sich der Förderung der literarischen Beziehungen zwischen der Schweiz und dem angelsächsischen Sprachgebiet. Der Stiftung wie auch allen Privatpersonen und öffentlichen Einrichtungen, die subskribiert haben, sprechen wir von Herzen unseren Dank aus.

Besonderen Dank sagt der Herausgeber der strengen Lektorin und Korrektorin Irene Weiser, Regensburg, ohne deren energische und kenntnisreiche Mitwirkung das Buch nicht zu diesem Zeitpunkt und nicht in dieser Gestalt hätte verwirklicht werden können.

*

Leider ist es uns bei einigen verstorbenen Autoren, die noch Urheberrechtsschutz genießen, trotz großer Mühe nicht gelungen, neben der Quelle ihres Beitrags auch den derzeitigen Inhaber der Abdruckrechte aufzufinden. Wir bitten bei begründeten Ansprüchen um eine entsprechende Mitteilung an den Verlag.

Bruno Oetterli Hohlenbaum, Jürgen Gutsch   *Dozwil und München, Herbst 2003*

William Shakespeare, Sonnet № XVIII, London 1609

SHall I compare thee to a Summers day?
Thou art more louely and more temperate:
Rough windes do shake the darling buds of Maie,
And Sommers lease hath all too short a date:
Sometime too hot the eye of heauen shines,
And often is his gold complexion dimm'd,
And euery faire from faire some-time declines,
By chance, or natures changing course vntrim'd:
But thy eternall Sommer shall not fade,
Nor loose possession of that faire thou ow'st,
Nor shall death brag thou wandr'st in his shade,
When in eternall lines to time thou grow'st,
   So long as men can breath or eyes can see,
   So long liues this, and this giues life to thee,

Shall I compare thee to a summer's day?
Thou art more lovely and more temperate:
Rough winds do shake the darling buds of May,
And summer's lease hath all too short a date:
Sometime too hot the eye of heaven shines,
And often is his gold complexion dimmed,
And every fair from fair some time declines,
By chance, or nature's changing course untrimmed:
But thy eternal summer shall not fade,
Nor lose possession of that fair thou ow'st,
Nor shall Death brag thou wand'rest in his shade,
When in eternal lines to time thou grow'st,
   So long as men can breathe or eyes can see,
   So long lives this, and this gives life to thee.

oben: SHAKE-SPEARES SONNETS – Neuer before Imprinted. AT LONDON – By *G. ELD* for *T.T.* [Thomas Thorpe] [...] 1609, unpaginiert, no.18. – *unten*: The Works of Shakespeare, Edited [...] by John Dover Wilson, THE SONNETS, Cambridge 1966, p.11.

154 + 1 Versionen von Shakespeares Sonett 18

Ahorn, Eike (Ps) 2003 143
Anonymus etwa 1990 116
Asen (Eissen), Abraham 1944 82
BabelFish 2003 32
Baltzer, August 1910 64
barnes, l. (Ps) etwa 2000 169
Barnstorff Frame, Beatrice 1931 29
Baumgarten-Bünzlin, E. zu (Ps) 2003 174
Beese, Henriette 1984 107
Benjamin, Therese 1930 72
Bernays, Ludwig 1 2 2002, 2003 140
Bernhard, Karl 1989 108
Biermann, Wolf etwa 1990 115
Birke, Katrin (Ps) 2003 143
Bletschacher, Richard 1996 130
Blunk, Harry 1964 99
Bockholt, Erich 1958 94
Bodenstedt, Friedrich 1856 46
Börner, Eric 2003 141
Boersner, Mauricio 1951 92
Brägger, Elisabeth 2003 155
Buche, Lisa (Ps) 2003 144
Büchner, Alexander 1855 45
Burkhart, Jürgen 2002 139
Busch, Karl Theodor 1954 93
Celan, Paul nach 1960 101
Cornelius, Friedrich 1946 88
Czernin, Franz Josef 1999 172
Draesner, Ulrike 1999 170
Eibe, Hannes (Ps) 2003 144
Enzensberger, Hans Magnus 2003 142
Erckenbrecht, Ulrich 2000 128
Erle, Franz (Ps) 2003 145
Eschenburg, Johann Joachim 1787 28
Feist, Hans 1945 85
Fields, Alfred 1973 104
Flathe, Johann Ludwig Ferdinand 1863 ...49
Flatter, Richard 1934 75
Flörchinger, Martin 1995 121

Franýo, Zoltán 1973 105
Freund, Walther 1948 89
Friesen, Hermann von 1869 52
Fulda, Ludwig 1913 65
Gafner, Fritz 2003 151
Geilinger, Max 1945 86
Gelbcke, Ferdinand Adolph 1867 51
Gelfert, Hans-Dieter 1 2 1989, 2000.......109
George, Stefan 1909 60
Gernhardt, Robert 2003 167
Gildemeister, Otto 1871 54
Gingko, Paula (Ps) 2003 145
Grautoff, Erna 1940 80
Groth, Peter 1989 110
Gundolf, Friedrich 1899 59
Gutsch, Jürgen 2001 161
Harich-Schneider, Eta 1944 84
Hauer, Karl 1929 71
Hauser, Otto 1931 73
Heiden, Sophie 1935 76
Heidrich, Harald 1993 111
Helbling, Hanno 1983, 1994 113
Henkersmädel (Ps) 2003 164
Hermann, Karl 1963 97
Hoffmann, Friedrich 1967 100
Hoffmann, Paul 2002 136
Hoffmann, Paul Theodor 1928 70
Huch, Friedrich 1921 66
Hübner, Hans 1949 90
Jantzen, Hermann Melchers 1941 81
Jordan, Wilhelm 1861 48
Kannegießer, Karl F. Ludwig 1803 33
Katská Dívka, Sofie (Ps) 2003 163
Kaußen, Wolfgang 1993 112
Keil, Ernst Edmund 1980 106
Keil, Rolf-Dietrich 1959 95
Korth, Carl 1973 103
Köstebek, Kerim (Ps) 2003 173
Kranz Gisbert 1970 102

Kraus, Karl 1933 61
Krauss, Fritz 1872 56
Krämer, Ilse 1945 87
Lachmann, Karl 1820 35
Langanke, Martin 1998 122
Lapin, Berl 1953 83
Leo, Friedrich August 1872 55
Lessing, Marlou 2003 157
Linde, Laura 2003 146
Linke, Harald 1996 118
Löchner, Friedrich 1999 127
Löchner, Ulli 2003 162
Ludwig, Emil 1923 68
Malsburg, E. F. G. O. v. d. 1825 36
Marti, Markus 1 2 1997/2002 124,153
Mauntz, Alfred 1894 59
Mehl, Dieter 1995 30
Meier, Hans Heinrich 2000 129
Neidhardt, Alexander 1865 47
Neserke, Dorothee 2003 138
Neunhäuser, Ingeborg 2001......................166
Ortlepp, Ernst 1840 43
Palme, Hansi (Ps) 2003 148
Pappel, Atze (Ps) 2003 149
Paul, Simone Katrin 1998 125
Philipps, Gerd 1996 123
Plessow, Günter 2001 132
Ploennies, Luise von 1843 44
Regis, Gottlob 1836 39
Richter, Karl 1836 41
Robinson, Terese 1927.................................69
Rosenbusch, Jürg 2003 152
Rupp, Friedrich 1964 98
Saenger, Eduard 1909 63
Schlaf, Johannes 1939 79
Schneider, Roderich Sebastian 1834 38
Scholz, Heitrud und Reiner 2001 165

Schröder, E. etwa 1934 74
Schröder, Rudolf Alexander 1936 77
Schuenke, Christa 1994 114
Schumacher, Andreas 1827 40
Seiffert, Alice 1959 96
Shakespeares Kater (Ps) 2003 168
Sichert, Wolfgang 2001, 2003 133
Siemens, Heinrich 2003 159
Simrock, Karl 1867 50
Staub, Hans 1980 31
Steinmann, E., Gerstfeldt, O. v. 1923 67
Steuer, Susanne 1998 126
Stünzi, Charles 1995 117
Tieck, Dorothea 1826 37
Tieck, Ludwig 1807 34
Tschischwitz, Benno 1870 53
Vetter, Ingeborg 1 2 2000, 2001 131,150
Viehweg, Frank 2002 135
Vinage, Edgar du um 1950 91
Volkmann, Kathrin 1 2 1996 1998 119
Wagner, Emil 1840 42
Walter, Hannchen (Ps) 2003 160
Warburg, M. G. 1876 57
Weide, Wilma (Ps) 2003 147
Wiens, Peter 2003 158
Windgassen, Michael 2002 134
Wolff, Gustav 1938 78
Wolff, Max Joseph 1903 62
Wollenhaupt, Gabriella 2003 171
Wüstenberg, Renate 2000 156
ZaunköniG (Ps) 2003 137
Zeder, Anne (Ps) 2003 146
Zeitler, Georg 2000 130
Zumbühl, Rolf 2003 154

Zugabe 175

Alte und neue Interlinearversionen

1.   Johann Joachim Eschenburg 1787

Soll ich dich mit einem Sommertage vergleichen? Nein, du bist noch lieblicher und gemäßigter. Rauhe Winde schütteln die Lieblingsknospen des May's, und die Frist des Sommers ist von allzu kurzer Dauer. Zuweilen scheint das Auge des Himmels zu heiß; und oft wird sein goldnes Antlitz umdämmert. Jede Schönheit verliert einmal etwas von ihrer Schöne; und wird durch Zufall, oder durch den wandelbaren Naturlauf, entstellt. Dein ewiger Sommer aber wird nicht verblühen, noch den Reitz, der dir eigen ist, verlieren; auch wird sich der Tod nicht damit rühmen, daß du in seinem Schatten wandelst, wenn du deine Fortdauer durch ewige Geschlechter verlängerst. Solange Menschen athmen, und Augen sehen, so lange wirst du dann leben.

Johann Joachim Eschenburg: *Shakspeare's Sonnete*, in: *Ueber W. Shakspeare*, Zürich (Orell, Geßner, Füßli und Comp.) 1787, S.581.

Johann Joachim Eschenburg (1743–1820) ist zusammen mit Christoph Martin Wieland (1733–1813) der erste um Vermittlung eines guten Shakespeare-Textes ins Deutsche bemühte Gelehrte; er übersetzte 56 Sonette in Prosa im Rahmen eines Aufsatzes; Wieland übersetzte die Sonette leider nicht. – Es ist übrigens interessant zu sehen, dass unser allererster Übersetzer das *„lines"* der Zeile 12 schon 'missversteht', wie überhaupt der ganze Nebensatz *„wenn du deine Fortdauer durch ewige Geschlechter verlängerst"* eher Behelfs-Charakter zu haben scheint. Nun war Eschenburg aber wirklich ein Philologe, – und wir Nachgeborenen sollten uns darum von allem Anfang an vor mancherlei Urteil hüten.

2.   *Beatrice Barnstorff Frame 1931*

Soll ich Dich einem Sommertag vergleichen,
Du bist viel lieblicher und gelassener.
Rauhe Winde schütteln die Knospen des Mai;
und der strenge Winter hat nur kurze Frist!

Des Himmels Auge scheint manchmal viel zu heiß,
oft verdunkelt sich seine gold'ne Farbe;
im Lauf der Zeit muß das Schöne durch Schicksal
oder einen wechselnden Lauf verfallen!

Dein ewiger Sommer soll nicht schwinden noch
die Schönheit verlieren, die du ihm dankst!
Solang du ewige Werte schaffen kannst,
wirst du des Todes schwarzen Schatten nicht sehn!

Solange Menschen atmen und Augen sehn,
lebt dies, und dies gibt dir Leben.

W. Shakespeares Lied an die Schönheit. Eine Übertragung der Sonette von Beatrice Barnstorff Frame, Paderborn (Ferdinand Schöningh) 1931, S.38.

Bei der Übersetzung von Beatrice Barnstorff Frame (ihre Lebensdaten sind unbekannt), die alle 154 Sonette übersetzte, handelt es sich, sehen wir von den „ewigen Werten" im dritten Quartett und Ähnlichem einmal ab, um eine leicht rhythmisiert vorgetragene Interlinearversion; sie wird darum hier eingeordnet.

3.   *Dieter Mehl 1965*

Soll ich dich einem Sommertag vergleichen?
Du bist lieblicher und milder:
Rauhe Winde schütteln die zarten Knospen des Mai,
und die Frist des Sommers ist allzu kurz bemessen:

Zuweilen strahlt das Auge des Himmels zu heiß
und oftmals ist sein goldener Glanz getrübt;
und alles Schöne büßt einmal seine Schönheit ein,
zerzaust vom Schicksal oder dem wechselnden Lauf der Natur.

Doch dein ewiger Sommer soll nicht verblassen
noch die Schönheit einbüßen, die dein eigen ist;
noch soll der Tod sich brüsten, du wandlest in seinem Schatten,
da du in unvergänglichen Zeilen in die Zeit eingehst:

solange Menschen atmen und Augen sehen können,
so lange lebt dies hier, und dies verleiht dir Leben.

English Poems, Englische Gedichte, ausgewählt und in Prosa übersetzt von Dieter Mehl. Ebenhausen (Langewiesche-Brandt) 1965, S.33.

Dieter Mehl (*1933) ist Professor für Anglistik an der Universität Bonn und – zusammen mit seinen Kollegen Werner Habicht (Würzburg) und Wolfgang Weiß (München) – der wichtigste Anreger der Erforschung der Shakespeare-Sonette in Deutschland.

4.   Hans Staub 1980

Soll ich dich einem Sommertag vergleichen? Du bist viel lieblicher und milder. Heftige Winde schütteln teure Maiknospen, und des Sommers Frist hat allzu kurze Zeit. / Oft strahlt zu heiß des Himmels Auge, und manchmal ist sein goldnes Aussehen überwölkt; und alles Schöne fällt einmal vom Schönen ab, durch Zufall oder Wandel der Natur des Schmucks beraubt. / Doch soll dein ewiger Sommer nie verbleichen noch jenes Schöne, das du hast, verlieren, noch soll der Tod sich rühmen, du gehest in seinem Schatten, wenn du in ewigen Reimen für immer wächst. / Solang noch Menschen atmen, Augen sehen, so lang lebt dies, und dies gibt Leben dir.

Hans Staub: *Poesie der Welt*. Renaissance-Sonette. [...] Frankfurt am Main, Berlin (Ullstein, Propyläen, Edition Stichnote) 1980, S.206f.

Hans Staub (*1931) veröffentlichte neun Shakespeare-Sonette in seiner gewissenhaft recherchierten und gut ausgestatteten Anthologie in unterschiedlichen dichterischen Übersetzungen. Er selbst fügte jedem (natürlich auch in der Originalsprache aufgeführten) Sonett noch eine wörtliche Prosa-Übersetzung am Fuß der jeweiligen Seite hinzu.

5. BabelFish (Computer-Übersetzung)

Soll ich thee mit dem Tag eines Sommers vergleichen? Thoukunst reizender und mäßiger: Rauhe Winde rütteln die suessen Knospen von Mai und von hath Miete des Sommers ein alles zu kurzes Datum: Einmal zu heiß glänzt das Auge des Himmels, und ist häufig sein verdunkelter Goldteint, und jede Messe von der Messe, die einige Zeit sinkt, zufällig, oder ändernder Kurs der Natur untrimmed: Aber thy ewiger Sommer soll nicht verblassen noch verlieren Besitz dieses angemessenen Thou ow'st, noch prahlt Tod den Thou, der in seinem Farbton, wenn in den ewigen Linien, um Zeit Thou grow'st festzusetzen wand'rest ist, solange Männer atmen können, oder Augen sehen können, also sich sehnen Leben dieses, und dieser gibt das Leben zum thee.

Aus der bei Altavista (http://world.altavista.com/) bereit gehaltenen 'Übersetzungsmaschine' *BabelFish* im Internet, abgerufen im September 2003. Eine neuere Version der Software ermöglicht inzwischen eine verbesserte Lösung.

Es sei hier eine kurze Anmerkung erlaubt: Das Beispiel wird nicht zitiert, um die scheinbare (nein, die *tatsächliche*) Schwäche von Computer-Übersetzungen zu demonstrieren. Es ist kein wohlfeiler Spott bezweckt – auch wenn Amüsement darüber erlaubt sein muss. Vielmehr sollte einem jeden gerade durch solche Objekte erneut besonders deutlich werden, was Übersetzen tatsächlich heißt; den Nachweis der Insuffizienz des Computers, geht es ins anspruchsvoll Menschliche, benötigt ja niemand. Zweifellos haben auch die *BabelFish*-Übersetzungen ihren Nutzen. Alle guten Wünsche begleiten jene, die sich der Arbeit an solchen Programmen kreativ widmen – und dabei natürlich nicht in erster Linie an Shakespeares Sonette denken.

Die erste Hälfte des 19. Jahrhunderts (um Regis)

6.   Karl Friedrich Ludwig Kannegießer 1803

Soll ich dich gleichen einem Sommertag?
Doch muß ich dich ja lieber, holder finden:
Mai's Lieblingsblüthen trifft der Stürme Schlag,
Und Sommers Zeitraum muß zu bald verschwinden.

Zu heiß ist oft des Himmels-Auges Glühen,
Und oft ist seine goldne Farb getrübt,
So muß von Schönheit einst die Schönheit fliehen,
Durch Glückslauf, durch Naturlauf auch zerstiebt.

Dein ewger Sommer aber soll nicht matten,
Verlieren nicht die Schönheit die dir eigen,
Prahlen der Tod, du gingst in seinem Schatten:

Wann du im ewgen Lied wirst höher steigen,
So lang die Menschen Hauch und Licht erfreut,
So lang lebt dies, das Leben dir verleiht.

Sonette nach Shakespeare, in: Polychorda, eine Zeitschrift herausgegeben von August Bode, Penig 1803, Erster Jahrgang, 6. Heft, S.569.

Karl Friedrich Ludwig Kannegießer (1781–1861) zwang das Shakespeare-Sonett noch in die italienische Form, war aber der erste deutsche Übersetzer überhaupt, der sich an eine metrisch gebundene Übersetzung mehrerer (im Ganzen 26) Shakespeare-Sonette wagte.

7.   *Ludwig Tieck 1807*

Wie soll ich nicht vergleichen dich dem Lenze?
Du hast mehr Dauer und mehr Lieblichkeit:
Der Sturm zerreißt des Mayen schönste Kränze
Und Frühlings Herrschaft währt zu kurze Zeit.
Zu glühen scheint das Aug' uns oft der Welt,
Des goldnen Glanz uns Dunkel oft entrückt,
Jedwedes Schön vor seinem Schein verfällt,
Durch Zufall, durch Naturwandlung entschmückt;
Doch nimmer soll dein ewger Lenz entschwinden,
Die Schöne nie verliehren, die dein eigen;
Des stolzen Tod's Verfinstrung dich nicht finden,
Wenn ewge Reime dich der Zeit verzweigen:
  So lang ein Auge sieht, die Lippe spricht,
  Belebt dich dies unsterbliche Gedicht.

Henry Lüdeke, *Ludwig Tieck und das alte englische Theater*, Frankfurt am Main (Diesterweg) 1922, S.314–315 (Sonett 18).

Die beiden Großen der deutschen Shakespeare-Übersetzungsgeschichte, August Wilhelm Schlegel (1767–1845) und Ludwig Tieck (1773–1853) verhielten sich den Sonetten gegenüber sehr reserviert. Schlegel beteiligte sich offenbar überhaupt nicht, Tieck versuchte sich nur in drei Stücken (den Nummern 1, 2 und 18) und überließ 20 Jahre nach diesen Versuchen die Aufgabe seiner Tochter Dorothea – mit sehr erfreulichem Ergebnis.

8.   Karl Lachmann 1820

Vergleichen sollt ich dich dem Sommertag;
Da du weit lieblicher, weit milder bist?
Den Lieblingsflor des Mais zaust Windesschlag,
Und Sommers Pacht steht auf zu kurze Frist.

Bald ist zu heiß des Himmelsauges Schein,
Und dunkelnd seine Goldfarb' oft verliert es.
Oft muß der Schönheit schönes sich verzeihn;
Zufall und Wechsel der Natur entziert es.

Dir aber welkt nie ewges Sommers Pracht;
Die Schöne, die du hast, verbleibt dir eigen.
Nie rühmt sich Tod, du gehst in seiner Nacht;
In ewger Schrift zum Alter wirst du steigen.

So lang' ein Athem weht, ein Auge sieht
So lange lebt, giebt Leben dir, mein Lied.

Shakespeare's Sonnette, übersetzt von Karl Lachmann, Berlin (G. Reimer) 1820, S.20.

Karl Lachmann (1793–1851), der neben den Brüdern Grimm bedeutendste deutsche Philologe des frühen 19. Jahrhunderts, übersetzte die Shakespeare-Sonette in metrisch gebundener Sprache als Erster komplett ins Deutsche, – sieht man von dem Umstand ab, dass er drei davon wegließ: die Nummern 135 und 136, die sog. „Will"-Sonette, die er vielleicht für unübersetzbar, und die Nummer 151, die er vermutlich für zu obszön hielt.

9.   E. F. G. O. v. d. Malsburg 1825

Soll ich dich einem Sommertag vergleichen?
Du bist viel lieblicher und milder viel;
Sturm hören wir um Mayenknospen streichen,
Und Sommers Pracht* hat allzukurzes Ziel.

Zuweilen strahlt des Himmels Aug' zu glühend,
Und oft hüllt Dunkel seine goldne Spur,
Und jede Blüthe sahen wir verblühend
Durch Zufall oder Wandel der Natur.

Dein ew'ger Sommer nur, soll nicht ermatten,
Nicht missen deiner Blüthe Herrlichkeit,
Nicht rühmen Tod, du wall'st in seinem Schatten.

In ew'gen Zeiten* fliegst du durch die Zeit.
So lang ein Herz bebt und ein Auge blickt,
Lebt auch dies Lied, das dich mit Leben schmückt.

*Die „Pacht"/„Pracht"-Verwechslung beruht vermutlich auf einem Druckfehler. Dasselbe gilt für „Zeiten" in Z.8, wo es „Zeilen" heißen müsste.

Sonetten des Shakespeare, in: *Ernst Friedrich Georg Otto's von der Malsburg Poetischer Nachlass und Umrisse aus seinem innern Leben*, von P. C. [Philippine von Calenberg], Cassel (Bohné) 1825, S.74.

E. F. G. O. v. d. Malsburg (1786–1824) war ein früh verstorbener romantischer Dichter von einigem Ehrgeiz, dessen Nachlass von seiner Seelenfreundin (aber schlechten Lektorin) Philippine von Calenberg aus dem Dresdner Dichter-Kreis um Ludwig Tieck der Nachwelt erhalten wurde; auch seine 15 Shakespeare-Sonette werden wie bei Kannegießer in italienischer Darstellungsform geschrieben. Sie zeigen erneut, wie unbefangen man eine Zeitlang über die Couplet-Struktur des elisabethanischen Sonetts hinwegsah.

10. Dorothea Tieck 1826

Vergleich' ich Dich dem Tag im holden Lenze?
Du bist weit süßer, bist Dir immer gleich:
Der Sturm zerreißt des Mayen Blüten-Kränze,
Und kurze Zeit nur steht des Frühlings Reich.

Bald scheint zu heiß herab des Himmels Licht,
Bald hüllt in Wolken sich die goldne Spur.
Kein Schönes, dem nicht Schönheit oft gebricht,
Des Schmuck's beraubt durch Zufall und Natur.

Jedoch Dein ew'ger Lenz soll nie verblühn;
Nichts diese Zierde, die Dir eigen, kränken;
Der Tod nie prahlend in sein Reich dich ziehn,
Da ew'ge Zeilen ew'ge Dauer schenken.

So lang als Augen sehn und Menschen leben,
Lebt dies, um ew'ge Jugend Dir zu geben.

Ludwig Tieck, *Über Shakspeares Sonette einige Worte, nebst [26] Proben einer Uebersetzung derselben*, in: Penelope, Taschenbuch für das Jahr 1826, Leipzig (J. C. Hinrichs) 1826, S.325.

Tieck nannte im erwähnten Aufsatz seine eigne Tochter, die Übersetzerin der 26 „Proben", ein wenig mystifizierend (aber vielleicht aus gutem Grund) einen „jungen Freund". Zu einer Gesamtpublikation kam es nicht. Alle 154 Sonette von Dorothea Tieck (1799–1841) wurden aus der Handschrift erstmals ediert in: *Shakespeares Sonette in der Übersetzung Dorothea Tiecks*, kritisch herausgegeben von Christa Jansohn, Tübingen (Francke) 1992; Sonett 18 dort auf S.55. Dorothea Tiecks Arbeit wird seither nicht ohne Grund gerühmt – das *'forever young'* der letzten Zeile in Sonett 18 berührt besonders, es taucht nirgendwo sonst auf.

11.   Roderich Sebastian Schneider 1834

Soll ich dich einem Sommertag vergleichen?
Gemäßigter und lieblicher du bist.
Des Lenzes Knosp' erschüttern rauhe Winde
Und allzukurz nur dauert Sommerszeit.
Zu heiß scheint jetzt die Sonne von dem Himmel
Und trüb' erscheinet jetzt ihr golden Schild,
Und durch Zufall und der Natur Veränderung werden
Die Dinge, die da schön sind, unschön oft.
Nie aber wird dein ew'ger Sommer bleichen,
Nie kannst du deiner Schönheit Glanz verlieren,
Nie wirst im Schatten du des Todes wandern,
Wenn du fortlebst in deiner Abkunft Schönheit:
So lang ein Auge sieht, ein Athem weht,
So lange dieß dir Leben zugesteht.

Shakspeare's Gedichte, übersetzt von Dr. R. S. Schneider, 2. Bändchen, Gotha (Hennings und Hopf) 1834, S.14.

Roderich Sebastian Schneider (1798–1866) übersetzte als einer der ersten auch alle anderen nicht-dramatischen Werke Shakespeares ins Deutsche. Schneider schreibt Blankverse, verzichtet also auf den Reim – mit Ausnahme des Couplets.

12. *Gottlob Regis 1836*

Soll ich Dich einem Sommertag vergleichen?
Anmuthiger, gemäßigter bist Du.
Des Maies Lieblinge jagt Sturmwind von den Zweigen,
Und nur zu früh gehn Sommers Pforten zu.
Bald scheint zu heiß des Himmels Auge, bald
Umdunkelt sich sein goldner Kreis; es weilet
Das Schöne nie in seiner Wohlgestalt,
Vom Zufall, vom Naturlauf übereilet.
Du aber sollst in ew'gem Sommer blühn,
Nie Deiner Schönheit Eigenthum veralten;
Nie soll Dich Tod in seine Schatten ziehn,
Wenn ew'ge Zeilen Dich der Zeit erhalten.
  So lange Menschen athmen, Augen sehn,
  So lang lebt d i e ß , und heißt Dich fortbestehn.

Shakspeare-Almanach, hg. von Gottlob Regis, Sonnette, Berlin (Veit u. Comp.) 1836, S.22.

Der Sonett-Gesamt-Übersetzung von Gottlob Regis (1791–1854) wird bis heute oft ein klassischer Status zugebilligt, vergleichbar der Schlegel/Tieckschen Dramenübersetzung, – ihrer metrischen und phonetischen Eigenwilligkeiten zum Trotz.

13. Andreas Schumacher 1827

Vergleich' ich dich mit einem Sommertage?
Nein – liebreicher und milder bist du ja!
Verstört ihn Sturm doch oft mit Einem Schlage,
Und seiner Lust steht das Vergehn zu nah!

Oft sengt des Himmels Auge heiß und glühend,
Und öfter ist sein golden Licht getrübt.
Schönheit an Schönheit stirbt ihm hin verblühend –
Je wie Natur und Zufall Wandel übt.

D i r soll dein ew'ger Frühling nie ermatten,
Und deiner Schönheit Blume wird er wahren,
Der Tod nie rühm': „Ihn decken meine Schatten!"
Dich bring' ein ewig Lied zu hohen Jahren.

So lang die Welt steht und ein Hauch wird wehen,
Wird weder d i e ß – noch du zu Grunde gehen!

Sonette. Übersetzt von Andr. Schumacher, in: *William Shakspeare's sämmtliche dramatische Werke und Gedichte*, übersetzt im Metrum des Originals, vollständige Ausgabe in einem Bande, Wien (I. P. Sollinger) 1826, S.180.

Die erste Wiener Übersetzung der Shakespeare-Sonette, die Andreas Schumacher (1803–1868) zusammen mit Eduard von Bauernfeld (1802–1890) in sehr jungen Lebensjahren unternahm. (Bauernfeld war ein Freund Franz Schuberts und schrieb zwei der deutschen Übersetzungen der im Ganzen leider nur drei von Schubert vertonten Shakespeare-Lieder.)

14.   *Karl Richter 1836*

Soll ich dich einem Sommertag vergleichen,
Da du weit lieblicher und milder bist?
Des Maies Knospen müssen Stürmen weichen,
Und allzu kurz nur währt des Sommers Frist.
Oft ist zu heiß des Himmelsauges Glühen
Und seine goldne Farbe oft getrübt;
So muß der Reiz der Schönheit auch verblühen,
Wie Zufall und Naturlauf es so liebt.
Doch soll dein ew'ger Sommer nie ermatten,
Die Schönheit nicht verlieren, die dir eigen,
Noch prahle Tod, du gingst in seinem Schatten,
Da wird dein Ruhm im Liede steigen:
So lang als Augen sehn und Menschen leben,
So lang lebt dies und wird dir Leben geben.

Sonette, in: *W. Shakspeare's sämmtliche Werke in Einem Bande*, im Verein mit Mehreren übersetzt und herausgegeben von Julius Körner, Schneeberg (Schumann) und Wien (Gerold'sche 1836), S.911.

Die zweite Wiener Übersetzung der Sonette. In der bis heute nicht recht geklärten Textgeschichte der Übersetzung Karl Richters (1795?–1863) wird bisweilen auch eine noch nicht verifizierte frühere Ausgabe der Sonette von 1824 genannt.

15. *Emil Wagner 1840*

Soll ich vergleichen dich dem Sommertag?
Nein, nicht so lieblich ist er und so mild;
Wie oft der Sturm des Frühlings Knospen brach,
Und Sommer weilt nur flüchtig im Gefild!
Oft scheint des Himmels goldnes Aug' zu heiß,
Oft trübet sich sein strahlend Angesicht,
Und wie oft schwindet seiner Schönheit Preis,
Wenn Zufall oder die Natur sie bricht!
Doch nie ein Ende deinem Sommer droht,
Verlust des Schönen nie, was dir gehört;
Dich zu umschatten, rühmt sich nie der Tod,
Wenn du in ew'gen Liedern wirst verklärt;
  So lang ein Athem weht, ein Auge sieht,
  Lebt und verleiht dir Leben dieses Lied.

William Shakspeare's sämmtliche Gedichte, Im Versmaße des Originals übersetzt von Emil Wagner, Königsberg (J. H. Bon) 1840, S.11.

Emil Wagner hieß eigentlich Ludwig Reinhold Walesrode (1810–1889) und äußerte sich hier aus der Stadt Immanuel Kants, vom andern Ende des deutschen Sprachgebiets.

16.   Ernst Ortlepp 1840

Soll ich dich einem Sommertag vergleichen?
Weit milder und weit lieblicher bist du;
Des Lenzes Blüthen müssen Stürmen weichen,
Und ach! der Sommer geht zu bald zur Ruh!

Oft scheint zu heiß des Himmels Auge nieder,
Oft hüllet sich sein Gold in Wolken ein;
Denn alles Schöne wechselt hin und wieder,
Jedoch dein Sommer soll von Dauer sein.

Was du besitzest, soll er dir nicht stehlen,
Mit deinem Schatten prahle nicht der Tod,
Da ewig dich zum Stoff das Lied will wählen,
Weil du erprangst in frischem Lebensroth. –

So lange Menschen athmen, Augen sehen,
So lang soll deine Schönheit fortbestehen.

Sonette, in: *Nachträge zu Shakspeare's Werken von Schlegel und Tieck*, in vier Bänden übersetzt von Ernst Ortlepp. Dritter Band, Stuttgart (Rieger und Co.) 1840, S.232.

Der sächsische Dichter und Pädagoge Ernst Ortlepp (1800–1864), der in jüngerer Zeit auch als Lehrer Friedrich Nietzsches wiederentdeckt wird, stand dem Jungen Deutschland nahe, engagierte sich für den polnischen Freiheitskampf 1830/31 und galt als trunksüchtiges 'verkommenes Genie'. Goethe notierte über ihn, er habe „*kein Verhältnis zur Außenwelt finden*" können, was, wenn er das der Bemerkung wert fand, zumindest eine erforschenswerte Persönlichkeit signalisiert.

17. *Louise von Ploennies 1843*

Soll ich dich einem Sommertag vergleichen?
Bist lieblicher wie er, und stets gelinde;
Durch Maienblüten stürmen oft die Winde,
Des Sommers Pachtzeit muß zu schnell entweichen:
Des Himmels Strahlen oft zu heiß sich zeigen,
Sein goldner Schimmer wölkt sich oft geschwinde,
Vom Schönen schwindet oft die schönste Tinte,
Muß in dem Wechsellauf der Zeit erbleichen.
Doch nimmer wird dein ew'ger Lenz vergehen,
Noch wird die Schönheit jemals dir entschweben,
Nie um dein Bild wird Todesnacht sich weben,
Weil du unsterblich wirst im Liede stehen;
So lange Menschen athmen, Augen sehen,
Wird dies mein Lied, und du im Liede leben.

Britannia. Eine Auswahl englischer Dichtungen alter und neuer Zeit. In's Deutsche übersetzt von Louise von Ploennies. Mit beigedrucktem Originaltext. Frankfurt am Main (S. Schmerber'sche Buchhandlung) 1843, S.19 und 21.

Louise von Ploennies (1804–1872) gab mehrere Anthologien zur englischen Lyrik heraus.

Die zweite Hälfte des 19. Jahrhunderts (um Bodenstedt)

18.   Alexander Büchner 1855

Vergleich' ich Dich mit einem Sommertag?
Nein! lieblich bist Du und maßvoll mehr.
Maiknospen schüttelt ab des Windes Schlag,
Zu kurze Zeit nur kommt der Sommer her.
   Bald strahlet auch zu heiß des Himmels Aug',
Bald ist sein goldner Schimmer wolkumhüllt,
Der Schönheit Reiz weicht von dem Schönsten auch,
Bald Zufall, bald Natur verwischt ihr Bild.
   Dein steter Sommer aber dauert immer,
Und es vergeht die Schönheit nicht, die Dein,
Und daß Du sein, deß rühmt der Tod sich nimmer,
Denn in den ew'gen Zeilen lebst du drein:
   So lange Menschen athmen, Augen sehn,
   Solang währt Dies, Dir Leben zuzuwehn.

Die Sonnette, in: *Geschichte der englischen Poesie*, Von der Mitte des 14. bis zur Mitte des 19. Jahrhunderts, Bd. 1, Darmstadt (Diehl) 1855, S.280.

Mit Alexander Büchner (1827–1904) äußert sich zum ersten Mal ein Literarhistoriker der jungen neuphilologischen Teildisziplinen, die ab der Mitte des 19. Jahrhunderts entstanden. Büchner lehrte in Zürich und Valenciennes deutsche und englische Literaturgeschichte.

19. *Friedrich Bodenstedt 1856, 1862, 1892*

Soll ich Dich einem Sommertag vergleichen?
Nein, du bist lieblicher und frischer weit –
Durch Maienblüthen rauhe Winde streichen
Und kurz nur währt des Sommers Herrlichkeit.
Zu feurig oft läßt er sein Auge glühen,
Oft auch verhüllt sich seine goldne Spur,
Und seiner Schönheit Fülle muß verblühen
Im nimmerruh'nden Wechsel der Natur.
Nie aber soll D e i n ewiger Sommer schwinden,
Die Zeit wird Deiner Schönheit nicht verderblich,
Nie soll des neidischen Todes Blick Dich finden,
Denn fort lebst Du in meinem Lied unsterblich.
  So lange Menschen athmen, Augen sehn,
  Wirst Du, wie mein Gesang, nicht untergehn.

William Shakespeare's Sonette in Deutscher Nachbildung von Friedrich Bodenstedt, Berlin (Verlag der Königlichen Geheimen Ober-Hofbuchdruckerei R. Decker) 1862, S.128 (im gleichen Verlag auch die 5., letzte, Auflage von 1892 mit leichten Veränderungen, jedoch nicht in Nr. 18).

Friedrich Bodenstedt (1819–1892) hatte mit dieser bis zu seinem Todesjahr immer wieder nachgedruckten Übersetzung für seine Generation ebenso maßgeblichen Einfluss wie Regis für die Generation davor und George für die danach. Teilübersetzungen Bodenstedts erschienen schon 1856. – Es sei auch darauf verwiesen, dass nach seinem Beispiel nun alle weiteren größeren Übersetzungsprojekte regelmäßig ausführliche und vielsagende literarhistorische Abhandlungen als Vorworte erhielten, aus denen allein eine generelle Übersetzungstheorie für die zweite Hälfte des 19. Jahrhunderts erarbeitet werden könnte. Ein solches Vorwort findet sich nun in allen folgenden *Gesamt*übersetzungen bis Mauntz.

20. *Alexander Neidhardt 1865, 1870, 1902*

Soll ich vergleichen dich dem Sommertag,
Da du doch holder und beständ'ger bist?
Der Sturm entblättert oft die Blüth' im Hag,
Der Sommer selbst hat allzu kurze Frist,
Zu heiß scheint oft das Aug' am Himmelszelt,
Verdüstert oft sein liebliches Azur –
Sieh wie das Schöne oft vom Schönen fällt
Durch Zufall oder Wechsel der Natur!
D e i n ew'ger Sommer aber welke nie,
Nie fallend von der Schönheit, die dein Theil;
Tod prahle nicht: sein Schatten bleiche sie –
Lebst du in meinem Lied doch jederweil!
Solang ein Herz noch schlägt, ein Auge sieht,
Leb' auch, dir Leben gebend, dies mein Lied!

Die Sonette von William Shakespeare, ins Deutsche übertragen von Alexander Neidhardt, mit Titelzeichnung von Wilhelm Müller-Schönefeld, Zweite Auflage, Leipzig (Eugen Diederichs) 1902, unpaginiert.

Alexander Neidhardt (1819–1908) publizierte schon 1865 14 Sonette im „Archiv für das Studium der neueren Sprachen und Literaturen" (in derselben Zeitschrift erschien mehr als 130 Jahre später Eymar Fertigs Bibliographie), dann seine gegen Bodenstedt argumentierende Gesamtübersetzung 1870, die 1902, eine Generation später, bei Diederichs einen schönen unveränderten bibliophilen Neudruck erlebte, nach dem hier zitiert wird.

21. *Wilhelm Jordan 1861*

Ob ich den Sommertag vergleichbar finde
Mit deiner Milde, deiner Huldgestalt?
Ach, auch im Mai zerstören rauhe Winde
Den Knospenschmuck, der Sommer stirbt so bald!

Jetzt flammt des Himmels Auge auf die Flur
Zu heiß herab, und jetzt in mattem Schein,
Und alles Schöne büßt an Schönheit ein
Im Zufallsspiel, im Wechsel der Natur.

Doch nimmer soll dein Sommerglanz ermatten,
Nie dir die Schönheit, die dich schmückt entgleiten,
Nie prahlerisch der Tod auch dich verschatten;
In ew'gen Zeilen wachse durch die Zeiten.

So lang' ein Athem geht, ein Auge sieht,
Belebt auch dich mein lebensvolles Lied.

Shakespeare's Gedichte, Deutsch von Wilhelm Jordan, Sonette, Berlin (Verlag von G. Reimer) 1861, S.20.

Wilhelm Jordan (1819–1904), der später berühmt gewordene Verfasser von *Die Nibelunge*, nahm sich in diesem Buch *aller* nicht-dramatischen Schriften Shakespeares an. Dass er hier Kadenzen *und* Reimstellung beliebig mischt, tut seiner Reputation ein wenig Abbruch.

22. Johann Ludwig Ferdinand Flathe 1863

[...]
Der Sturm verjagt des Maies zarte Rosen,
Und eng umschlossen ist des Sommers Haus,
Bald will zu heiss des Himmels Licht uns kosen,
Bald löscht es sich im Wolkendunkel aus.
Das Schöne mag im Schönen nicht verweilen,
Lässt durch der Dinge Wechsel sich ereilen.
[...]

Shakspeare in seiner Wirklichkeit, von J. L. F. Flathe, darin: *die Anschauungen Shakspeare's über sein Selbst, über Kunst, Poesie und Tragisches, über Welt und Leben, Gottheit und Menschheit*, Leipzig (Dyk'sche Buchhandlung) 1863, S.134.

Der Literatur-Professor Johann Ludwig Fedinand Flathe (1799–1866) gehört wie Eschenburg und Büchner zu jenen Übersetzern, die in literarhistorische Abhandlungen eigene Übersetzungen einflochten – ein Verfahren, das wegen der mangelnden Sprachkenntnisse der Leserschaft üblich war. Er übersetzte im genannten Aufsatz elf Sonette im Ganzen und 29 teilweise, darunter Nr. 18.

23.   Karl Simrock 1867

Soll ich dich einem Frühlingstag vergleichen,
Der du weit lieblicher und milder bist,
Da rauhe Winde durch die Blüthen streichen
Und bald des Lenzes Grün die Frische misst.

Jetzt flammt zu heiß des Himmelsauges Gluth,
Und bald verdunkelt sich sein goldner Schein:
Wie alles Irdsche Ebbe hat und Flut
Kann auch die Schönheit nicht beständig sein.

Doch soll dein Lenz sich immer neu beblümen,
Dein ewger Frühling weiche keinem Zwange,
Nie sich der Tod dich zu beschatten rühmen:
Durch alle Zeiten lebst du im Gesange.

So lang ein Puls noch schlägt, eine Auge sieht,
So lang' lebt Dieß, lebst Du in meinem Lied.

Sonette, in: *Shakespeares Gedichte*, Deutsch von Karl Simrock, Stuttgart (Cotta) 1867, S.20.

Karl Simrock (1802–1876), ein Schüler August Wilhelm Schlegels in Bonn, wo er später selbst eine Professur bekleidete, gehört zu den bedeutendsten deutschen Übersetzern seiner Zeit vor allem aus dem Mittelhochdeutschen.

24. *Ferdinand Adolph Gelbcke 1867*

Der Dichter preist des Grafen Schönheit

Vergleich' ich Dich mit einem Sommertage?
O, der ist nicht so lieb und mild wie Du.
In Stürmen schwankt die Maienros' am Hage,
Dem frühen Ende eilt der Sommer zu.

Oft glüht zu heiß des Himmels Auge droben,
Noch öfter ist getrübt sein goldnes Licht:
Und alle Schönheit ist so zart gewoben,
Der Zeit, dem Zufall widersteht sie nicht.

D e i n Sommer aber, ewig soll er dauern
Mit aller Schönheit, die Du ihm verdankst;
Tod sich nicht blähn, Du gingst in seinen Schauern,
Wenn du auf Liedern in die Zukunft rankst.

So lange Menschen leben, Augen schaun,
So lang lebt dies und giebt D i r Leben, traun!

Shakespeare's Sonette, uebersetzt von F. A. Gelbcke, Hildburghausen Leipzig (Verlag des Bibliographischen Instituts) o.J. [1867], S.41.

Ferdinand Adolph Gelbcke (1812–1892) (den man nicht mit dem Anglisten Adolf Gelber der nachfolgenden Generation verwechseln darf, was gelegentlich geschieht) bekleidete eine Professur in Sankt Petersburg und gab später mit Bodenstedt, Delius und Gildemeister eine große illustrierte Shakespeare-Gesamtausgabe heraus.

25. *Hermann Frh. von Friesen 1869*

Darf ich mit Sommers Tagen dich vergleichen?
Du bist weit lieblicher und milder auch;
Des Maien Knospe bricht des Winters Hauch,
Und Sommers Zeiten, ach, zu schnell verstreichen.
Bald will zu heiß des Himmels Aug uns dünken,
Bald ist sein goldner Blick trüb und bedrückt,
Und Schönes muss herab von Schönheit sinken,
Wenn's die Natur und Zufallslaun' entschmückt.
Dich aber soll ein ew'ger Sommer zieren,
Nicht Schönheit dir als flücht'ges Erb' entfliehn,
Nicht stolzer Tod als Schatten dich entführen,
Denn in den ew'gen Zeilen sollst du blühn.
  So lang' als Athem weht und Augen sehn,
  Lebt diess, worin dein Leben soll bestehn.

Shakspere's Sonette, Übersetzt von Herm. Frhr. von Friesen, Dresden (Burdach) 1869, S.18.

Auch der Freiherr von Friesen (1802–1882) war ein bedeutender Shakespeare-Forscher der Zeit, vor allem seine drei Bände *Shakspere-Studien* der 1870er-Jahre wurden unter seinen Zeitgenossen weithin bekannt.

26.   Benno Tschischwitz 1870

Soll ich dich einem Sommertage gleichen?
Maßvoller bist und holder du von Sinn.
Maiknöspchen kann der rauhe Sturm erreichen,
Und Sommerfreuden fliehen bald dahin.
Des Himmels Strahlenaug, oft glüht's zu heiß,
Oft ist sein golden Angesicht umnachtet;
Was schön, entsinkt des Schönen Zauberkreis,
Weil Zufall und Natur nach Wechsel trachtet.
Dein Sommer soll einst ohne Wechsel dauern,
Der Schönheit Recht dir nie verloren sein,
Nie wandeln sollst du in des Todes Schauern,
Der Ewigkeit wird dieses Lied dich weihn.
  So lang ein Mensch noch lebt, ein Auge sieht,
  So lang lebt dies, und du in diesem Lied.

Shakspere's Sonette, deutsch von Benno Tschischwitz, Halle (Barthel) 1870, S.18.

Der Anglist Benno Tschischwitz (1828–1890) verfasste auch mehrere Bücher über Shakespeare.

27.   Otto Gildemeister 1871

Vergleich ich dich mit einem Sommertage?
Er ist so lieblich nicht und so gelind;
Der Sturm zerzaust des Maien Blütenhage
Und allzubald des Sommers Pracht* verrinnt,
Oft strahlt zu heiß des Himmels Aug hernieder,
Und manchmal ist sein Goldblick trübe nur,
Und jede Schönheit weicht vom Schönsten wieder
Durch Zufall oder Wandel der Natur.
Nie aber wird dein ew'ger Sommer schwinden,
Noch jene Schönheit missen, die du hast;
Nie wird der Tod im Schattenreich dich finden,
Wann dich die Zeit in ew'ge Verse faßt.
Solang noch Menschen atmen, Augen sehn,
Lebt dies und gibt dir Leben und Bestehn.

* die „Pacht"/„Pracht"-Verwechslung ist vielleicht ein Druckfehler.

Shakespeare's Sonette, übersetzt und erläutert von Otto Gildemeister, mit Einleitung und Anmerkungen, Leipzig (F. A. Brockhaus) 1871 (2,1876), S.18. Ein moderner Nachdruck seiner Version erschien in den „Exempla Classica" Nr. 5 der Fischer-Bücherei, Frankfurt Hamburg (Fischer) 1960, S.23.

Otto Gildemeister (1823–1902), Ratsherr und Bürgermeister zu Bremen, war politisch, journalistisch und übersetzerisch tätig – er übersetzte außer Shakespeare auch Dante und Ariost.

28.   Friedrich August Leo 1872

Soll ich dem Sommertage Dich vergleichen
Der Du doch lieblicher und milder bist?
Manch rauher Sturm im Mai schafft Blütenleichen,
Und allzu kurz des Sommers Leben ist.
Des Himmels Auge bald zu glühend brennet,
Bald ist verhüllt sein golden Angesicht,
Und Schönes oftmals sich von Schönheit trennet
Schmückt es Natur in ihrem Wandel nicht.
Doch soll Dein ewger Sommer nie sich neigen
Noch das an Schöne büßen, was Du zeigst;
Nicht rühme Tod sich je, daß Du sein Eigen
Wenn Du in ewgen Versen aufwärts steigst.
  So lange Menschen athmen, Augen sehn,
  So lang lebt Dies, wirst Du durch Dies bestehn.

Friedrich A. Leo: *Gedichte*, 2., vermehrte Auflage, Berlin (Guttentag) 1872, S.226.

Friedrich August Leos (1820–1898) Gedichtsammlung enthielt ab der 2. Auflage auch vier Sonette Shakespeares, darunter die Nr. 18. Der Berliner Philologe war ein produktiver Belletrist, außerdem einst Herausgeber des Shakespeare-Jahrbuchs.

29.   Fritz Krauss 1872

Der Dichter verheißt Southampton Unsterblichkeit

Soll einem Sommertag' ich Dich vergleichen,
Der Du viel lieblicher und milder bist?
Maiblüthen kann ein rauher Wind erreichen,
Und allzu kurz ist schönsten Sommers Frist.
Oft schaut zu heiß des Himmels Auge nieder,
Und häufig ist sein goldner Blick getrübt;
Und alles Schöne läßt von Schönheit wieder,
Ob Zufall, ob Natur ihr Werk verübt;
Doch wird D e i n ew'ger Sommer nicht erblaßen,
Dein Schmuck, Dein Reiz nicht zur Vergänglichkeit,
Des Todes Schatten kann Dich nicht umfaßen,
Wenn ew'ges Wort Dir ew'ges Leben leiht.

  So lang' sich Menschenbrust wird athmend heben,
  Lebt dies mein Lied, und dieses giebt Dir Leben.

Shakespeare's Southampton-Sonette, deutsch von Fritz Krauss, Leipzig (Verlag von Wilhelm Engelmann) und London (Williams & Norgate) 1872, S.81.

Fritz Krauss (1842–1881) teilte seine Komplettübersetzung der Sonette in zwei Publikationen; die Nr. 18 hier aus den – nach Krauss – an den Grafen von Southampton gerichteten Gedichten, die er – wie Bodenstedt und andere – in veränderter Reihenfolge darbot.

30. M. G. Warburg 1876

Soll ich dich einem Sommertag vergleichen,
Die du weit lieblicher und milder bist?
Die Maienblüthe muss dem Winde weichen,
Und allzukurz ist auch des Sommer's Frist.
Oft scheint zu heiß des Himmel's Auge nieder,
Oft ist sein gold'nes Antlitz dunkel nur,
Und alles Schöne weicht vom Schönen wieder,
Durch Zufall oder Wechsel der Natur.
Doch wird dein ew'ger Sommer nie verblühen,
Und nie verlieren, was dir angehört,
Nie wird der Tod dich in die Schatten ziehen,
Wann dich die Zeit in ew'gen Versen ehrt.
 So lang' noch Menschen athmen, Augen seh'n,
 So lang' lebt dies, und lässt dich fortbesteh'n.

Sonette von Shakespeare, Übersetzt von M. G. Warburg, Berlin, Druck von Max Bading o.J. [1876] (Privatdruck) unpaginiert.

Um wen es sich genau bei M. G. Warburg handelt, konnte nicht ermittelt werden, auch seine Lebensdaten nicht. Der Privatdruck seiner Sonette scheint nur in einem Exemplar in öffentlichem Bibliotheksbesitz erhalten zu sein, dem der Staats- und Universitäts-Bibliothek Hamburg. Das dortige Buch trägt den handschriftlichen Vermerk *„von Mrs Warburg Manchester"*.

31. *Alfred von Mauntz 1894*

Soll ich dem Sommertage dich vergleichen?
Wohlan: In Lieblichkeit du milder bist.
Im rauhen Sturm' des Juni's Knospen bleichen,
Und Sommers Frist gar kurz bemessen ist.
Der Himmel oft zu heiße Strahlen sendet;
Vor seinem gold'nen Hauch' steh'n Wolken auf;
Bald Zufall ist's, dass Schönheit ab sich wendet
Von dem, was schön ist – bald Naturverlauf.
Dein Sommer aber weicht nicht, wie die andern,
Und deine Schönheit läßt nicht ab von dir,
Im Todesschatten wirst du niemals wandern,
Weil Zeit besiegt wird durch die Zeilen hier.
  So lange Menschen atmen – Augen sehen,
  Wird dieser Sang und du in ihm bestehen.

Gedichte von William Shakespeare in's Deutsche übertragen durch Alfred von Mauntz, Berlin (Verlag von Emil Felber, Verlag von W. T. Bruer) 1894, S.210.

Alfred von Mauntz (1839–1911) nimmt sich wieder *aller* Gedichte Shakespeares an. Er ist der letzte Repräsentant der mit großem Selbstbewusstsein übersetzenden Shakespeare-Pfleger des 19. Jahrhunderts vor und nach der Reichsgründung. Ganz am Ende dieses Jahrzehnts bemächtigt sich dann die frühe Moderne der Aufgabe.

Moderne (nach Stefan George, bis etwa 1970)

32. Friedrich Gundolf 1899

Soll ich dich gleich dem Sommertag erheben
Der du doch lieblicher und milder bist
Maiknospen müssen rauhen Winden beben
Der Sommerlust bleibt allzukurze Frist
Zu glüh ist oft des Himmels Blick erhellt
Die goldne Wölbung ist zu oft verdüstert
Nicht ist das Schöne Schönem stets verschwistert
Von Schicksals wechselvollem Fluch entstellt
Nie aber soll dein ewiger Sommer schwinden
Und nie verlieren seine schöne Macht
Nie prahle Tod er halte dich in Nacht
In ewigen Versen wirst du Leben finden
   So lange [Augen] schaun und Worte beben
   So lang lebt dies und dieses giebt dir Leben

Friedrich Gundolfs Shakespeare-Sonetten-Fragmente,[...] mitgeteilt von Jürgen Gutsch, München 1999 (Privatdruck), S.53.

Der achtzehnjährige Friedrich Gundolf (eigentlich Friedrich Gundelfinger, 1880–1931) überreichte etliche seiner im Ganzen 49 überlieferten Shakespeare-Sonett-Übersetzungen im Jahre 1899 Stefan George in München als Gastgeschenk und gewann damit Zutritt zum Kreis um den „Meister". Auch bei ihm finden sich Eigenwilligkeiten in den Kadenzen und der Reimstellung. Wie Vater Tieck einst nach persönlichen Anfängen das Übersetzungs-Unternehmen an seine Tochter Dorothea delegierte, entzog nun umgekehrt der väterliche Freund George dem geistigen Ziehsohn alsbald das schon begonnene Projekt und führte es selbst zu Ende.

33. Stefan George 1909

Soll ich vergleichen einem sommertage
Dich der du lieblicher und milder bist?
Des maien teure knospen drehn im schlage
Des Sturms und allzukurz ist sommers frist.

Des Himmels aug scheint manchmal bis zum brennen,
Trägt goldne farbe die sich oft verliert,
Jed schön will sich vom schönen manchmal trennen
Durch zufall oder wechsels lauf entziert.

Doch soll dein ewiger sommer nie ermatten:
Dein schönes sei vor dem verlust gefeit.
Nie prahle Tod, du gingst in seinem schatten..
In ewigen reimen ragst du in die zeit.

Solang als menschen atmen, augen sehn
Wird dies und du der darin lebt bestehn.

Sonnette, Umdichtung von Stefan George, Berlin (Georg Bondi) 1909, S.24. *Nun:* Stefan George. *Werke.* Ausgabe in zwei Bänden. Hrsg. v. Robert Boehringer, Stuttgart (Klett-Cotta) [4]1984.

Stefan George (1868–1933), dessen Nachdichtung zehn Jahre nach Gundolfs Versuchen zum 300. Jahrestag der Londoner Erstausgabe erschien und später auch der Gundolfschen Neuausgabe der Dramen hinzugefügt wurde, ist wohl der bekannteste Shakespeare-Sonett-Übersetzer der letzten hundert Jahre. Bezeichnenderweise gibt es im nun anhebenden Übersetzen der Stilkunstepoche nur noch selten ausführlichere literaturgeschichtliche Rechtfertigungen wie noch zuletzt bei Mauntz. An ihre Stelle tritt die autokratische Dichtergeste und im Fall Stefan George auch weihevolle Schweigsamkeit. Die traf dann auf die weidlich bekannte Polemik von Karl Kraus, der sich freilich erst ein knappes Vierteljahrhundert später, im Todesjahr Georges (1933), meldete – und damit nicht, wie es zunächst schien, so sehr einen Wortlaut, sondern eine Verfasser-Attitüde treffen wollte.

34.   Karl Kraus 1933

Soll ich denn einen Sommertag dich nennen,
dich, der an Herrlichkeit ihn überglänzt?
Dem Mai will Sturm die Blütenpracht nicht gönnen,
und Sommers Herrschaft ist so eng begrenzt.

Oft leuchten seines Blickes Feuerfarben,
doch bald auch hört das goldne Glänzen auf,
bis seine allerletzten Spuren starben
in Wechsel und natürlichem Verlauf.

Dir aber soll der Sommer niemals scheiden,
die Zeit sei fern, daß Schönheit dir verdirbt.
Des Todes gier'ger Blick weiß dich zu meiden:
mein Wort verhütet, daß dein Wesen stirbt.

Solange Ohren hören, Augen sehn,
besteht mein Lied, wirst du im Lied bestehn!

Shakespeares Sonette, Nachdichtung von Karl Kraus, Wien Leipzig (Verlag der Fackel) 1933 (mit einem beigelegten losen Blatt als Einleitung), unpaginiert. *Nun:* Karl Kraus, *Kanonade auf Spatzen*, Glossen 1920–1936, *Shakespeares Sonette*, Nachdichtung, herausgegeben von Christian Wagenknecht, Frankfurt am Main (Suhrkamp) 1994.

Karl Kraus' (1874–1936) Nachdichtung versteht sich zunächst ausdrücklich als Entgegnung auf diejenige Georges von 1909. – Seine Sonetten-Übersetzung ist darüber hinaus eine verzweifelte Flucht vor dem Ungeist der Zeit, den nur wenige so scharf erkannt hatten wie Kraus. Dies führt uns erstmals in der Geschichte der deutschen Shakespeare-Sonette zu einer sonderbaren politischen Verknüpfung: Das Unternehmen wurde ab den 1930er-Jahren bei manchen Übersetzern zu einem Ort der inneren Emigration; neben Kraus sind hier etwa Schlaf, Grautoff, Heiden und Harich-Schneider zu nennen.

35. *Max Joseph Wolff 1903*

Soll ich dich einem Sommertag vergleichen?
Er ist wie du so lieblich nicht und lind;
sein Glanz verlischt und seine Blumen bleichen,
und selbst in Maienknospen tobt der Wind.
Oft blickt zu heiß des Himmels Auge nieder,
oft ist verdunkelt seine gold'ne Bahn,
denn alle Schönheit blüht und schwindet wieder,
Ist wechselndem Geschicke untertan.
Dein ew'ger Sommer doch soll nie verrinnen,
Nie fliehn die Schönheit, die dir eigen ist,
Nie kann der Tod Macht über dich gewinnen,
Wenn du in meinem Lied unsterblich bist!
Solange Menschen atmen, Augen sehn,
Lebt mein Gesang und schützt dich vor Vergehn!

Shakespeares Sonette, übersetzt von Max J. Wolff, Berlin (Behr) 1903, S.20.

Max Joseph Wolff (1868– nach 1935), nicht zu verwechseln mit Gustav Wolff, der die Sonette ebenfalls übersetzte, genießt das eher zufällige Privileg, der Verfasser der online-Fassung der Shakespeare-Sonette im Internet (Projekt Gutenberg: http://www.gutenberg2000.de/) zu sein.

36.   Eduard Saenger 1909

Soll ich dich einem Sommertag vergleichen?
Holdseliger und milder noch bist du:
Durch Maienknöspchen rauhe Winde streichen,
Des Sommers Frist geht raschem Ende zu.
Oft glüht des Himmels Auge gar zu heiß,
Oft zeigt sein goldner Glanz des Dunkels Spur,
Das Schöne weicht oft aus der Schönheit Gleis
Durch Zufall oder Wandel der Natur.
Doch nimmer schwindet deines Sommers Pracht,
Und was du Holdes hast, wird ewig weilen;
Du wirst nicht wandeln in des Todes Nacht,
Wenn du verewigt bist in ewgen Zeilen.

Solange Menschen atmen, Augen sehn,
Lebt meine Gedicht, in ihm wirst du bestehn.

Shakespeares Sonette, übertragen von Eduard Saenger, Leipzig (Insel) 1909 (^{2}1913, ^{3}1923), unpaginiert.

Eduard Saenger (1880–1948) verkaufte die bibliophilen Bände seiner Übersetzung seit 1909 in drei Auflagen (und einer weiteren, illustrierten) beim Insel-Verlag.

37. *August Baltzer 1910*

Gleichst du dem Sommer, wenn der Morgen tagt?
Nein, du bist lieblicher und milder noch.
Der Sturmwind schüttelt im Mai die Blütenpracht,
Und Sommers Fest geht rasch zu Ende doch.
Oft brennt des Himmels Auge glühend heiß,
Oft ziehen Wolken über sein Angesicht,
Was schön ist, das verkümmert dann oft leis',
Ein Unglück oder Zufall macht's zu nicht.
Doch deine Jugendschönheit schwindet nie,
Niemals verlieret ihre Blüte sich,
Dich nimmt der Tod in seinen Schatten nie,
Denn diese ewigen Verse beleben dich.
So lang' ein Aug' noch schaut, ein Mund noch hauch',
Lebt dieses Lied und gibt dir Leben auch.

Die schönsten Sonette von William Shakespeare. Übersetzt und erläutert von A. Baltzer, Wismar (Bartholdi) 1910, S.43.

August Baltzer (seine Lebensdaten waren nicht zu ermitteln) fügte 35 Gedichte in eine längere Abhandlung ein, bediente sich also noch einmal jener Textsorte, die Eschenburg eingeführt hatte. Der verräterische Hinweis, hier seien nur „die schönsten" Sonette Shakespeares berücksichtigt, weist vielleicht auf ein grundsätzliches Missverständnis Baltzers hin: Er gab keine Einführung in das Werk wie Eschenburg, sondern ein sehr persönliches Geschmacksurteil ab.

38.   *Ludwig Fulda 1913*

Ob ich dich einem Sommertag vergleiche,
Der du viel lieblicher und milder bist?
Sturm droht des Maien trautem Blütenreiche,
Und Sommer weilt nur allzu kurze Frist.
Des Himmels Aug' strahlt manchmal allzuwarm,
Oft ist sein goldnes Antlitz trüb umrändert,
Und alles Schöne wird oft schönheitsarm,
Wenn Zufall, wenn Naturlauf es verändert.
Doch dauern soll dein Sommer ewiglich,
Dein Reiz nicht fliehn; auch soll sich nicht erkühnen
Der Tod, zu prahlen, er umschatte dich,
Wenn du in ewigem Lied wirst weitergrünen.
  Solang noch Menschen atmen, Augen sehn,
  Lebt dies und läßt dein Leben nicht vergehn.

Shakespeares Sonette, erläutert von Alois Brandl, übersetzt von Ludwig Fulda, Stuttgart Berlin (J. G. Cotta'sche Buchhandlung Nachfolger) 1913, S.18.

Der Anglist Alois Brandl stellte Ludwig Fulda (1862–1939) eine Rohübersetzung der Sonette und eine fachmännische Einleitung zur Verfügung. Dies ist ein Kooperations-Verfahren, das auch sonst angewendet wurde (Gundolf/George, Hannes Stein/Wolf Biermann u.a.).

39. *Friedrich Huch 1921*

Soll ich dich einem Sommertag vergleichen?
Er ist so lieblich nicht, so mild wie du.
Durch Maienknospen raue Winde streichen,
Und Sommers Reich geht allzubald zur Ruh.
Manchmal zu heiß des Himmels Auge blendet,
Getrübt ist bald sein goldenes Gesicht,
Und jedes Schöne sich vom Schönen wendet
Reift Zufall, Laune der Natur es nicht.
Dein Sommer aber, ewig, ohn' Ermatten,
Verliere nicht, was Schönes dir zum Los,
Nie prahl der Tod: du zögst in seinen Schatten
Wirst du in ewger Form zum Zeitenschoß.

Solange Menschen atmen, Augen sehn,
Solang lebt Dies, lässt lebend dich erstehn.

Shakespeare Sonette, ins Deutsche übertragen von Friedrich Huch, München (Georg Müller) MCMXXI, S.14.

Friedrich Huch (1873–1913) war ein Vetter von Ricarda Huch und trat in München am Rande des George-Kreises auf. Seine Übersetzung wurde erst acht Jahre nach seinem frühen Tod publiziert und entstand vermutlich in gewisser Konkurrenz, jedenfalls aber annähernd zeitgleich mit Georges Nachdichtung. (Noch in den 1950er-Jahren weist der Münchner Philosoph Kurt Schilling auf sie als auf die „einzig erträgliche" Übersetzung der Sonette hin.)

40.   Ernst Steinmann und Olga von Gerstfeldt 1923

Soll ich dich einem Sommertag vergleichen?
Nein, du bist schöner, du bist milder auch.
Die zarten Blüten kann ein Sturm erreichen,
Und flüchtig ist der Sommer wie ein Hauch.
Oft scheint die Sonne allzu heiß herab,
Dann wieder ist ihr strahlend Aug' beschattet,
Vom Schönen stirbt das Allerschönste ab,
Weil die Natur im Wechsel nie ermattet.
Doch deiner Schönheit strahlt ein ew'ges Licht,
Und was dein Eigen kann dir nicht entschwinden,
Des Todes Schatten flieht dein Angesicht
Und Ewigkeiten wirst du überwinden.
   So lange Menschen atmen, Augen sehn
   Lebt dies mein Lied, in ihm wirst du bestehn.

Shakespeare, Fünfzig Sonette, frei übertragen von Ernst Steinmann und Olga von Gerstfeldt. Als Manuskript in 150 handschriftlich numerierten Exemplaren gedruckt, Leipzig (Poeschel & Trepte) 1923, S.12.

Die Arbeit der beiden Autoren Ernst Steinmann (1866–1934) und Olga von Gerstfeldt (1869–1910) wurde – wie die Friedrich Huchs – sehr viel früher begonnen als publiziert, nämlich schon 1897.

41. Emil Ludwig 1923

Vergleich' ich dich mit einem Sommertag?
Du bist zu schön und maßvoll. Winde, rauhe,
Zerwühlen manche knospenreiche Aue,
Ach, Sommers Atem ist zu kurz und zag.

Des Himmels Auge, gestern allzu glühend,
Ist heut verhüllt und nebelt seinen Glanz,
Was schön war, fühlt verwelken seinen Kranz,
Im Auf und Nieder der Natur verblühend.

Doch du, ein ewiger Sommer, welkest nie,
Noch blaßt die Schönheit, die dir zugehörte,
Noch rühmt sich Tod, dass er dich je zerstörte:
Du blühst in meiner ewigen Melodie.

Solange Menschen atmen, fühlen, streben,
Lebt mein Gedicht und leiht dir ewiges Leben.

Shakespeares Sonette, deutsch von Emil Ludwig, Berlin (Rowohlt) 1923. *Zitiert nach:* William Shakespeare, Sämtliche Werke, nach der Schlegel-Tieckschen Übersetzung neu bearbeitet von Julius Bab und Dr. E. Levy, Band 9, Stuttgart Berlin Leipzig (Union Deutsche Verlagsgesellschaft) o.J. [1923–1924], S.428.

Emil Ludwig (1881–1948) stellte in seiner Gesamtübersetzung Sonett 144 als Prolog vor die ganze Reihe und fasste die Nummern 153 und 154 zu einem Epilog zusammen. Er änderte außerdem bei einzelnen Sonetten die Reimstellung in die italienische sowie die Reihenfolge der Gedichte; Sonett 18 behielt aber den alten Platz als Eingangsgedicht der Abteilung „Unsterblichkeit des Geliebten".

42.   Terese Robinson 1927

Soll ich dich einem Sommertag vergleichen,
Der du viel lieblicher und sanfter bist?
Durch Maienblüten rauhe Winde streichen,
Und Sommers Pracht hat allzu kurze Frist.
Oft fühlst zu heiß des Himmels Aug' du brennen,
Oft hüllt zu dunkler Schleier sein Azur,
Und stets muß Schönes sich vom Schönen trennen
Durch Zufall oder Wandel der Natur.
Doch deines Sommers Glanz wird nie ermatten,
Nie von dir fallen deine Herrlichkeit,
Nie wirst du wandeln in des Todes Schatten,
In ewigen Reimen strahlst du durch die Zeit.

Solange Menschen atmen, Augen sehn,
Wird dies mein Lied, wirst du in ihm bestehn.

Shakespeare, Sonette und andere Dichtungen, übertragen von Terese Robinson, München (Georg Müller) 1927, S.17.

Terese Robinson, eigentlich Karin Delmar (*1873), wurde ein Opfer des Holocausts, d.h. wir kennen ihr Todesjahr nach 1933 nicht. Man darf sie nicht verwechseln mit der Schriftstellerin Therese Robinson (1797–1870). Nach Ulrich Erckenbrechts statistischen Erhebungen fand ihre Sonett-Übersetzung die weiteste Verbreitung von allen in zahlreichen Nachdrucken.

43. *Paul Theodor Hoffmann 1928*

Soll ich dich einem Sommertag vergleichen?
Nein, du bist lieblicher und milder noch –
Durch Maienblüten rauhe Winde streichen,
Des Sommers Herrlichkeit ist kürzer doch.

Der Himmel läßt zu heiß sein Auge glühen,
Oft auch verhüllt sich seine goldne Spur,
Und seiner Schönheit Fülle muß verblühen
Im nimmeruh'nden Wechsel der Natur.

Dein Sommer aber, ewig soll er dauern,
Mit aller Schönheit, die du ihm verdankst,
Tod sich nicht blähn, du schrittst in seinen Schauern,
Wenn du in Liedern durch die Zeiten rankst.

So lange Menschen atmen, Augen sehn,
Wirst du, wie mein Gesang, nicht untergehn.

Shakespeares Sämtliche Werke, hg. von Paul Th. Hoffmann, Band 10, Hamburg, Büchergilde Gutenberg 1927–1929; *zitiert nach: Shakespeare, Ein Lesebuch für unsere Zeit*, herausgegeben von Walther Victor, Berlin und Weimar (Aufbau) 1970, 11. Auflage, S.21.

Paul Theodor Hoffmann (1891–1952), der nicht mit dem Anglisten Paul Hoffmann (s.u.) zu verwechseln ist, trägt Texte bei, die sich als Bearbeitungen nach Bodenstedt, Gelbcke und Simrock zu erkennen geben, aber doch so hinreichend originell sind, dass wir sie als selbständige Leistungen sehen können.

44.   Karl Hauer 1929

Soll ich vergleichen dich des Sommers Tagen?
Ach! selbst der Mai, nicht wie du schön und mild,
Muß oft des Knospenlieblings Raub beklagen
Und kurze Zeit des Sommers Pacht nur gilt.
Zu heiß des Himmels Auge manchmal glüht,
Oft ist sein golden Antlitz trüb umflort
Und alles Schöne mit der Zeit verblüht;
Natur und Zufall wechseln fort und fort.
Doch ewig soll dein Sommer nicht vergeh'n,
Noch den Besitz der Schönheit je entbehren;
Nie den Triumph des Todesschattens seh'n;
Denn ewig soll im Lied die Zeit dir währen.
  Du kannst, solange Menschen atmend schauen,
  In diesem Lied zu leben fest vertrauen.

Shakespeares Sonette, Ins Deutsche übertragen und herausgegeben von Professor Dr. Karl Hauer, Graz (Moser) 1929, S.34.

Karl Hauer (*1875) gab den Sonetten neue Reihenfolge und schrieb kommentierende Zwischentexte.

45.   Therese Benjamin 1930

Soll ich vergleichen dich mit Sommertagen?
Gemäßigter und lieblicher bist du:
Denn rauhen Winden, die schon Knospen jagen,
Vertraue nicht! Sie geben wenig Ruh:
Manchmal zu heiß erstrahlt des Himmels Glut,
Oft ist der goldne Schimmer uns verhüllt,
Das Schöne weicht dem Schön'ren. Höchstes Gut
Das die Natur uns gab, das unser Wissen stillt.
Dein ew'ger Sommer er soll nie vergehn,
Du sollst noch lang besitzen, was heut dein,
Es nahm der Tod nicht mit sich, was zu schön,
Bis du in ew'gen Zeiten* ewig erst wirst sein.
  Solange Menschen atmen, gehn und sehn,
  So lang lebt dies! So lang wirst du dem Untergang entgehn.

* Vermutlich Druckfehler für „Zeilen".

Sonette von Shakespeare, übersetzt von Therese Benjamin, Berlin (Druck von H. S. Herrmann) 1930, unpaginiert.

Über Therese Benjamin war nichts weiter zu erfahren. Das Exemplar des Privatdrucks, das dem Herausgeber vorliegt, trägt eine schöne handschriftliche Widmung der Autorin, die für das Jahr 1930 eine ältere Dame signalisiert, die vor 1870 geboren sein dürfte.

46. Otto Hauser 1931

Sicherheit, daß der Freund im Liede des Dichters fortleben werde.

Vergleich ich wohl Dich einem Sommertag,
Der Du doch lieblicher und linder bist?
Des Maien Zärtlingsblust trifft Sturmes Schlag,
Des Sommers Pacht hat allzu kurze Frist;
Bald glüht zu heiß des Himmelsauges Strahl,
Oft ist sein Gold durch Nebel uns entrückt;
Nichts Schönes, das nicht unschön wird manchmal,
Vom Zufall, vom Naturlauf selbst entschmückt:
Dein ew'ger Sommer aber soll nicht matten,
Um Deiner Schönheit Gut nie tragen Leid,
Tod prahlen nie, Du gingst in seinem Schatten,
Wächsest in ew'gen Vers Du für die Zeit.
  So lang als Menschen atmen, Augen sehn,
  Lebt dies und läßt auch Dich nicht untergehn.

Die Sonette von William Shakespeare, übertragen und erläutert von Otto Hauser, Wien (Verlag der Botschaft) 1931, S.20.

Otto Hauser (1876–1944) versah jedes der 154 Sonette mit einer eignen ausführlichen Überschrift, die fast den Charakter einer Inhaltsangabe hat.

47.   *E. Schröder etwa 1934*

Soll ich dich einem Sommertag vergleichen?
Du bist noch schöner, du auch milder bist:
Rauh Winde über Maienknospen streichen,
Und allzu kurz nur währet Sommers Frist.
Zu heiß auch scheint des Himmels Aug zuweilen,
Getrübt sein goldner Spiegel oft sich gibt;
Das Schöne muß gar oft vom Schönen eilen,
Durch Zufall, oder weil's dem Herbst beliebt;
Doch niemals soll dein ew'ger Sommer schwinden,
Noch lassen, was er Schönes dir beschied,
Noch soll dich prahlend Tod in Schatten binden,
Da du mit Zeit verwächst in ew'gem Lied:
  Solange Augen sehn und Menschen leben,
  Solang lebt dies, dies wird dir Leben geben.

Aus Shakespeares Sonetten. Fünfzehn ausgewählte Sonette Shakespeares in deutscher Übertragung von E. Schröder, als Manuskript gedruckt, o.O. [Stuttgart] (Hoffmannsche Buchdruckerei Felix Krais), o.J. [um 1934], S.9.

Um wen es sich bei „E. Schröder" handelt (eine Frau?), war bislang nicht zu ermitteln. Auch die Publikation selbst scheint bis auf ein Exemplar (im Besitz des Herausgebers) verschollen.

48.   Richard Flatter 1934

Dem Sommertag – ? soll ich dich dem vergleichen?
Du bist weit lieblicher, bist mild und lind.
Des Frühlings Pracht, wie rasch muß sie entweichen! –
Und Blütenzweige schüttelt rauh der Wind.

Des Himmels Aug? Bald strahlt es allzu heiß,
Bald birgt es seinen Goldglanz vor der Welt;
Das Schönste selbst gibt seine Schönheit preis,
Durch Missgeschick, durch Zeitverlauf entstellt.

Dein Sommer kennt kein Schwinden, kein Ermatten,
Was schön an dir, bleibt ewig, trotz der Zeit;
Nie kannst du eingehn in des Todes Schatten –
Durch mich steigst du empor zur Ewigkeit:

So lange Menschen atmen, Augen sehn,
Lebt dies mein Lied; in ihm wirst du bestehn!

Shakespeare's Sonnets / Shakespeares Sonette, deutsch von Richard Flatter, Wien (Saturn) 1934; *zitiert nach der zweiten Ausgabe: Shakespeares Sonette*, übersetzt von Richard Flatter, Wien, München, Basel (Desch) 1957 (© 1956), S.24.

Richard Flatter (1891–1960) wurde vor allem angeregt durch Karl Kraus' Übersetzung und antwortete auf sie bereits 1933. Flatter war auch sonst ein hochproduktiver Shakespeare-Übersetzer.

49. *Sophie Zipora Heiden 1935*

Vergleich ich dich mit einem Sommertag?
Dich, der du lieblicher und milder bist;
Rauh raubt der Wind der Knospen Blust dem Hag,
Und allzukurz ach, ist des Sommers Frist.
Zu heiss erglüht des Himmels Auge leicht,
Die goldne Wange Trübung überfällt,
Und alles Schöne oft vom Schönen weicht,
Durch Zufall oder Zeitenlauf entstellt.
Doch soll dein ewger Sommer nicht vergehn,
Die Anmut die dir eigen nicht verbleichen,
Nicht rühme sich der Tod, sein Schattenwehn
Könnt' den zur Ewigkeit mein Lied erhöht, beschleichen.
 So lange Augen schauen, Lippen beben,
 Wird dieses Lied, wirst du im Liede leben.

Sophie Zipora Heidens Übersetzung der 154 Shakespeare-Sonette, in: Christa Jansohn (Hg.): „Cupido lag im Schlummer einst", Tübingen (Stauffenburg) 2001 *(mit den Gesamtübersetzungen von Cornelius, Heiden und Schlaf im Paralleldruck mit dem Original)*, S.36.

Sophie Zipora Heidens (1875–1945) Gesamtübersetzung überdauerte in zwei Typoskripten in der Shakespeare-Memorial-Bibliothek in Stratford und in der Folger Library in Washington. Vor ihrer Deportation nach Theresienstadt gelang ihr noch diese Sicherung. Sie kehrte zwar nach dem Krieg in ihre Heimatstadt Hamburg zurück, starb dort aber schon 1945.

50.   *Rudolf Alexander Schröder 1936*

Vergleich ich dich mit einem Sommertag?
So lind wie du, so lieblich dünkt er kaum.
Der Wind verstreut die Blust im Maienhag:
Des Sommers Reich hat gar zu schmalen Raum.

Oft scheint das Aug des Sommers allzu warm,
Oft blickt sein golden Antlitz trüb und fahl;
All reiche Schönheit wird an Schönheit arm,
Wenn ihren Schmuck Natur und Zufall stahl.

Dein ewig Sommerlicht wird nie ermatten,
Verliert die Schönheit nie, die dein ist heut,
Nie rühmt der Tod, du wohnst in seinem Schatten:
Dein Lob soll grünen endlos wie die Zeit.

Solang ein Mensch noch atmet, Aug noch sieht,
Wird leben, was dich leben macht: mein Lied.

Shakespeare, Sonette, in: Gesammelte Werke, Bd. 1, Berlin Frankfurt am Main (Suhrkamp) 1952;
hier zitiert nach: Rudolf Alexander Schröder: *Fülle des Daseins*, Auslese aus dem Werk von R. A. S.,
Berlin Frankfurt am Main (Suhrkamp) 1958, S.440.

Rudolf Alexander Schröder (1878–1962), wie Stefan George ein Mann der ersten Stunde im München der vorletzten Jahrhundertwende, übersetzte in reiferen Jahren 13 Shakespeare-Sonette.

51. Gustav Wolff 1938

Soll ich dich einem Sommertag vergleichen?
Beständiger und lieblicher bist du.
Um zarte Maienknospen Winde streichen,
Schnell geht des Sommers Reich dem Ende zu.

Oft glüht des Himmels Auge allzu heiß,
Oft schwand sein Gold in trübem Wolkennetz,
Oft gibt das Schöne selbst das Schöne preis
Durch Zufall oder durch Naturgesetz.

Doch ewig leuchtend soll dein Sommer strahlen,
Was schön an dir, bleibt dein in Ewigkeit.
Nie soll des Todes Schatten mit dir prahlen,
In ewgem Liede ragst du in die Zeit.

So lang ein Atem haucht, eine Auge sieht,
Lebt und verleiht dir Leben dieses Lied.

William Shakespeare, *Sonette*, englisch und deutsch, übertragen von Gustav Wolff, München (Ernst Reinhardt) 1938 (²1939), S.27.

Gustav Wolff (1865–1941) war nicht der einzige Übersetzer, der sich schon im ersten Satz seines Vorworts zur eigenen Komplett-Übersetzung anzumerken verpflichtet fühlte, Shakespeares Sonette seien in Deutschland bedauerlicherweise vollkommen unbekannt geblieben – und dem müsse nun durch eine Übersetzung abgeholfen werden. Man darf anmerken: Shakespeares Sonette sind nach der Bibel das meistübersetzte Werk der Weltliteratur in deutscher Sprache – wie nicht zuletzt unsere Sammlung augenfällig demonstriert.

52. Johannes Schlaf 1939

Soll ich dem Sommer Dich vergleichbar finden?
Nur daß Du lieblicher und linder bist.
Doch lieber Maiblust bebt in rauhen Winden,
Und allzu kurz bemessen Sommers Frist.
Oft schickt der Sonnenball zu heiße Glut;
Oft bleibt sein goldner Anblick uns verwehrt;
Weil Schönheit oftmals selber sich nicht gut,
Wie Zufall und Naturordnung uns lehrt.
Nie aber soll Dein ew'ger Sommer fahlen,
Nie sollst Du Deiner Schöne ledig sein;
Nie soll der Tod mit seinem Schatten prahlen,
Und unvergänglich' Leben Dir gedeih'n.
  So lang ein Atem geht und Augen sehn,
  Macht Dich mein Lied in ew'gem Leben stehn.

Johannes Schlafs Übersetzung der 154 Shakespeare-Sonette in: Christa Jansohn (Hg.): „Cupido lag im Schlummer einst", Tübingen (Stauffenburg) 2001 *(mit den Gesamtübersetzungen von Cornelius, Heiden und Schlaf im Paralleldruck mit dem Original)*, S.37.

Johannes Schlaf (1862–1941) gehört mit Karl Kraus zur Gruppe derer, denen nach einer nicht unbedeutenden literarischen Karriere im Augenblick von Hitlers Machtergreifung nichts mehr übrig blieb als der Rückzug in die reine Kunst.

53. Erna Grautoff 1940

Soll ich Dich einem Sommertag vergleichen?
Holdseliger und milder noch bist Du.
Um liebe Maienknospen Winde streichen
und schnell neigt Sommer sich dem Ende zu.
Oft brennt des Himmels Auge allzu glühend
und seine Goldhaut scheint gedämpfter nur,
was schon erblüht, oft scheint es minder blühend
durch Zufall oder wechselnde Natur.
Doch niemals soll Dein ew'ger Sommer matten,
was Du so schon besitzt, das bleibt auch Dein,
nie prahle Tod, Du gingst in seinem Schatten,
in ew'gem Licht ziehst Du in Zeiten ein.
  So lang als Menschen atmen, Augen sehn,
  Wird dies und Du, die darin lebt, bestehn.

Erna Grautoff: *Herrscher über Traum und Leben*, Stuttgart und Berlin (Rowohlt) 1940. – Begleitbroschüre zu ihrem Roman *Historische Grundlagen und Anmerkungen zu [...]*, nicht im Buchhandel, in Manuskriptform von der Autorin an Interessenten vertrieben (Typoskript DIN-A-4), S.38. – Erna Grautoff: *41 Sonette*, München (im Selbstverlag von Jürgen Gutsch) 1998, unpaginiert.

Erna Grautoff (1883–1948) gab der These, Francis Bacon sei der Autor von Shakespeares Werken und darüber hinaus der Sohn Elisabeths I. gewesen, im Jahr 1940 dieses Roman-Gewand; die angeredete „Sie" im Gedicht ist die Königin. Die zugleich enstandene bibliographische Begleitschrift stellt wie in einem Forschungsbericht nahezu die gesamte Shakespeare-Bacon-Literatur der Zeit vor. Beide Schriften zusammen enthalten 41 übersetzte Shakespeare-Sonette.

54. *Hermann Melchers Jantzen 1941*

Soll ich dich einem Sommertag vergleichen?
Du bist noch lieblicher und mehr gelinde.
Oft schütteln Maienknöspchen rauhe Winde,
und allzu kurz wird Sommers Pacht verstreichen.

Manchmal zu heiß des Himmels Auge brennt,
oft ist sein goldnes Antlitz kaum erhellt;
einmal jed' Schönes sich von Schönheit trennt,
durch Zufall, wechselnde Natur entstellt.

Doch soll d e i n ewiger Sommer nicht ermatten,
verlieren je dein schönes Eigentum;
nie prahle TOD, du geh'st in seinem Schatten,
in ewigen Zeilen wächst du auf zum Ruhm.

Solange Menschen atmen, Augen sehn,
solang' lebt dies: darin wirst du bestehn.

Nach einem bislang nicht veröffentlichten Manuskript in Verwahrung der Familie.

Hermann Melchers Jantzen (1893–1972) übersetzte den gesamten Zyklus.

55. Abraham Asen 1944

zol ich dich tsu a zumer-tog farglaichn?
bist milder, liblicher in jedn zin.
durch frilings bliten roie wintn schlaichn,
un kurts is fun dem zumer der termin:

oftmol tsu heis dos oig fun himl laicht,
oft iz zain goldener glants fartunklt gor,
un oft dos scheine fun der scheinkait waicht,
durch tsufal, enderung fun der natur.

doch eibik leben wet dain zumers pracht,
un wos du scheins farmogst wet eibig weiln;
s'wet toit nit hobn iber dir kein macht,
wail bist fareibikt in die eibige tsailn.

wi lang noch mentschn otemen, oigen zeh'n
lebt main gedicht, un du west nit fargein.

Shakespeare, William. *Di Sonetn fun V. Shakspir*. Translated into Yiddish by A. Asen. New York (Bellemir Press) 1944, S.28.

Abraham Asen, auch Aysen und Eissen (1886–1965) war ein jiddisch schreibender amerikanischer Autor, der vor allem mit Übersetzungen (sowohl aus dem Jiddischen als auch ins Jiddische) hervorgetreten ist. Die international gebräuchlichere, eher auf dem amerikanischen Englisch als auf dem Deutschen basierende Umschrift stammt von Prof. Dr. D. O. Edzard, München; „z" steht für stimmhaftes „s", „ts" für den deutschen Lautwert „z". – Der Autor macht selbst eine Anmerkung am Fuß der Seite: „Sonet – 18: Umfarganglische scheinkait. Der dosiker sonet, wi oich sonet 19, seinen eigentlech a por, oif der konwentsioneler teme, gewidmet tsu a fraind, wos wert fareibikt durch dem loib fun poesie."

56. *Berl Lapin 1953*

zol ich farglaichn dich tsum zumer-tog?
du bist doch schener fil un mer geschtelt,
s'wert liber maj-blit roi fun wint gejogt
un zumer-tsait wert oich tsu schnel farwelkt;

oft schaint tsu heis dem himls oig antbloizt,
amol fartunklt zich zain goldikait,
un alts wos schein fun scheinkait tsert zich ois,
baroibt fun tsufal tsi* natur-farbait!

Nischt welkn, eibik wet dain zumer zain,
Un nit farlirn wet zain prachtikait,
s'wet toit nischt zogn: geist in schotn main,
Wail schpanst in schures** eibike tsu tsait.

Biz mentschn otemen un s'zet der blik,
Lebt oich main lid – un du bist lebedik.

William Shakespeare: *Sonnets*. Translated [into Yiddish] by B[erl] Lapin. New York (Bloch Publishing Co.) 1953, S.24.

Berl Lapin (1889–1952) war wie Asen ein amerikanischer Autor, der jiddisch schrieb. Wieder ist die Transkription Prof. Dr. D. O. Edzard, München, zu danken (s.o. bei Asen).
* „tsi" – „oder"
** „schures" – jiddisch für das hebräische „schuroth" – „Zeilen"

57. Eta Harich-Schneider 1944

Soll ich Dich gleichen einem Sommertag?
Du bist viel lieblicher und milder viel:
Sturm schüttelt rauh des Maien Blütenhag,
Und Sommers Herrschaft hat zu bald ein Ziel.
Manchmal scheint uns zu heiß des Himmels Blick,
Und oft ist seine goldne Farb getrübt.
All Schönheit nach der Fülle geht zurück,
Wie Schicksal und Naturgesetz es gibt.
Dein ewger Sommer aber nie ermatte,
Dein Schönheitserbe sei nie eingebüßt,
Noch prahl der Tod, daß er Dich überschatte,
Da im Sonett für alle Zeit Du blühst.
   So lange Menschen atmen, Augen sehn
   Lebt mein Gedicht und läßt Dich auferstehn.

Shakespeare Sonette in deutscher Sprache von Eta Harich-Schneider, Peking (Handpresse „Pekinger Pappelinsel" von Vincenz Hundhausen) 1944, unpaginiert.

Die Gesamtübersetzung der Musikerin Eta Harich-Schneider (1897–1986) erschien an exotischem Ort zu ungünstiger Zeit. Es ist darum derzeit nur ein einziges Exemplar dieser Publikation nachweisbar (im Besitz des Herausgebers). Die Übersetzung entstand unter recht abenteuerlichen Bedingungen während des zweiten Weltkriegs.

58.   Hans Feist 1945

Vergleich ich dich mit einem Sommertag,
der holder du und mild-beständiger bist?
Ein rauher Wind rafft Maiens Pracht im Hag
und Sommers Lehnzeit läßt so kurze Frist;

oft allzu heiß des Himmels Auge scheint
und oft sein gülden Antlitz sich verhängt
und jede Schönheit Schönheit oft verneint
im Wandelbaren der Natur verschränkt;

dein ewiger Sommer doch wird nie verblassen,
wie deiner Schönheit Reichtum nicht verblüht;
nie rühme sich der Tod, dich anzufassen,
der in die Zeit du wächst im ewigen Lied:

wie Augen sehn und Menschen atmen hier,
so lang lebt dies und dies gibt Leben dir.

Hans Feist (Hg.), *Ewiges England*, Dichtung aus sieben Jahrhunderten von Chaucer bis Eliot, englisch und deutsch, Zürich (Amstutz, Herdeg & Co.) 1945, S.137.

Hans Feists (1887–1952) Exil-Anthologie aus der Schweiz enthält neun Shakespeare-Sonette.

59.   Max Geilinger 1945

Schönheit und Dauer

Vergleich ich dich mit einem Sommertage,
Die du voll holdem Maß und schöner bist?
Rauh fegt der Wind durch zarte Blütenhage
Und Sommerpracht währt allzu kurze Frist.

Oft sengt des Himmels Auge heiß geweitet;
Oft ahnst du seinen Goldglanz dämmernd nur,
Da alles Schöne Schönem oft entgleitet,
Entziert durch Zufall, Wechsel der Natur!

Allein dein Sommer soll auf ewig funkeln,
Dein Schönes nicht verlieren, frostbeschneit:
Nie prahle Tod, du schrittst in seinem Dunkeln,
Durchblühst du doch in ewigem Lied die Zeit.

Solange Menschen atmen, Augen sehn,
Lebt dies Gedicht! Nie wirst du untergehn.

Englische Dichtung, übertragen von Max Geilinger, Frauenfeld (Huber & Co.) 1945, S.7.

Der Schweizer Dichter Max Geilinger (1884–1948) war zeit seines Lebens mit der Übersetzung englischer Lyrik befasst; von Shakespeare übersetzte er jedoch nur das 18. Sonett.

60.   Ilse Krämer 1945

Soll ich dich einem Sommertag vergleichen,
Der du viel lieblicher und milder bist?
Rauhwinde zerr'n am Mai, am knospenreichen,
Und Sommers Pacht ist nur von kurzer Frist.

Oft blickt des Himmels Aug zu heiß herab,
Oft ist sein goldnes Angesicht bedrückt.
Selbst Schönheit weicht gar leicht von Schönheit ab,
Durch Zufall oder Zeitlauf ungeschmückt.

Doch soll dein ew'ger Sommer nie ermatten,
Noch Schönheit fliehn, die zum Besitz er zählt.
Noch prahl' der Tod, du ging'st in seinem Schatten,
Wenn ew'ge Dichtung dich der Zeit vermählt.

  Solang noch Menschen atmen, Augen sehn,
  Solang lebt dies und du wirst fortbestehn.

William Shakespeare, *Sonette*, Übersetzt von Ilse Krämer, Sammlung Klosterberg, Europäische Reihe, Klosterberg/Basel (Benno Schwabe) 1945, S.27.

Ebenfalls aus der Schweiz stammt Ilse Krämers (1901–1995) Gesamtübersetzung. Der wahrlich nicht auf dem Gebiet der Shakespeare-Sonette bekannt gewordene spätere Kardinal Hans Urs von Balthasar betreute damals die „Sammlung Klosterberg", in der dieses Buch erschien.

61. *Friedrich Cornelius 1946*

Soll ich dem Sommertage dich vergleichen?
Gelinder doch und lieblicher du bist!
Des Maien Knöspchen rauhen Winden weichen.
Der Sommer leiht auf allzukurze Frist.
Bald scheint zu heiß des Himmels Aug herab,
Und oft ist bleich sein goldner Schimmer nur,
Und jede Schönheit nimmt an Schönheit ab,
Entschmückt vom Glück, vom Laufe der Natur.
Dein ewger Sommer doch soll nicht ermatten,
Noch wird die eigne Schönheit dir entgleiten.
Du wanderst nicht in eitlen Todes Schatten,
Sondern wirst wachsen parallel den Zeiten.
  Solange Menschen atmen, Augen lesen,
  So lebt dies Lied, und gibt dir neues Wesen.

Friedrich Cornelius' Übersetzung der 154 Shakespeare-Sonette findet sich in: Christa Jansohn (Hg.):
„Cupido lag im Schlummer einst", Tübingen (Stauffenburg) 2001 *(mit den Gesamtübersetzungen von Cornelius, Heiden und Schlaf im Paralleldruck mit dem Original),* S.37.

Der Historiker Friedrich Cornelius (1893–1976) übersetzte alle 154 Sonette in einem französischen Kriegsgefangenenlager.

62.   Walther Freund 1948

Soll ich dem Sommertag vergleichen dich,
Der du doch lieblicher und milder bist?
Maiknospen zart zaust Sturmes rascher Strich
Und Sommers Gabe hat zu kurze Frist:

Bald brennt zu heiß des Himmelsauges Schein,
Oft Nebel auf sein goldnes Antlitz fällt,
Und Schönes büßt gar oft die Schönheit ein,
Vom Zufall, vom Naturgesetz entstellt;

Doch wird dein ewger Sommer nicht ermatten,
Nicht jene Schönheit missen, die du trägst,
Noch prahln der Tod, du gingst in seinem Schatten,
Wenn du im Lied in ewige Zeiten wächst:

So lang ein Atem weht, ein Auge sieht,
So lang, dir Leben spendend, lebt dies Lied.

Shakespeare, *Sonette*, Deutsch von Walther Freund (zweisprachig), Bern (Scherz) 1948, unpaginiert; *später auch:* Shakespeare, *Sonette*, Deutsch von Walther Freund [zweisprachig], Parnass-Bücherei Nr. 84, Bern (Scherz) 1950.

Walther Freund (1874–1952) änderte manchen Wortlaut seiner ersten Übersetzung in der späteren Ausgabe für die „Parnass-Bücherei" geringfügig, nichts jedoch an Sonett 18.

63. Hans Hübner 1949

Sommerglück

   Vergleich ich dich mit Sommers holder Pracht,
Beständiger erscheinst du mir und milder:
Es hat so mancher Blüte schon ein wilder
   Gewittersturm ein frühes End' gemacht.

   Und gegen Kälte in der Frühlingsnacht
Und Sommers Hitze gibt's nicht Wehr noch Schilder,
Da denke ich der freundlicheren Bilder,
   Die deine milde Güte uns gebracht.

   Noch lang soll deines Lebens Sommer strahlen
Und Frucht und Segen spenden weit und breit,
Nie soll der Tod dich heimzuführen prahlen:
   Mein Lied verleihe dir Unsterblichkeit.

Solange Menschen noch auf Erden leben,
Lebt dieses Lied und wird dir Leben geben.

Shakespeares Sonette in deutscher Sprache und italienischer Versform, Dresden (Dresdner Verlagsgesellschaft) 1949, unpaginiert.

Der Dresdner Medizin-Professor Hans Hübner (1877–1962) sollte nicht der einzige Mediziner bleiben, der sich der Sonette annahm. Mit „italienischer Versform" meinte er die Reimstellung 'abba', die er öfter verwendete, nicht die Strophenanordnung.

64.   Ernst du Vinage um 1950

Soll ich als Sommertag dich deuten, Kind,
wo dir der Himmel holdre Formen gab?
An Maienknospen ruettelt rauh der Wind.
Des Sommers Pacht laeuft gar zu eilig ab.

Bisweilen scheint zu heiss der Sonne Blick,
und haeufig ist umwoelkt ihr goldner Ball.
Ach, jene Schoenheit schwindet Stueck um Stueck
im Laufe der Natur; da hilft kein Wall.

Doch dein Goldsommer ewig soll er scheinen,
und deiner Schoenheit Schatz soll ewig glaenzen.
Kein Tod darf stolz dich zaehlen zu den Seinen;
du waechst der Zeit entgegen ohne Grenzen.

Solang' man atmet, Augen sehend sind,
waehrt diese Zeit und gibt dir Leben, Kind.

Hier zum ersten Mal veröffentlicht.

Ernst du Vinages (1890–1960) Übersetzung – ein größeres Konvolut von Sonett-Übersetzungen ist bislang unveröffentlicht – spannt einen reizvollen Bogen von „Kind" zu „Kind" – und bereichert damit die Debatte, ob hier ein Mann oder eine Frau angesprochen ist.

65. Mauricio Boersner 1951

Soll ich dich einem Sommertag vergleichen?
Weit lieblicher und milder bist du ja.
Dem rauhen Sturm muß Maienblüte weichen;
sieh hin: schon ist der Sommer nicht mehr da!

Zu heiß zuweilen scheint des Himmels Auge,
sein goldnes Antlitz hüllt der Nebel ein.
Schönheit verliert, was ihr zur Schönheit tauge,
Zufall, Natur, löscht ihren edlen Schein.

Dein ewiger Sommer aber soll nicht schwinden,
die aus dir strahlt, die Schönheit, nicht vergehn,
der Tod nicht prahlend dich mit Nacht umwinden, –
in ewigem Lied wirst ewig du bestehn!

Solang ein Atem weht, ein Auge glüht,
lebt, was ich sang, lebst du in meinem Lied.

Ewiges Wort. Begegnungen mit der abendländischen Lyrik. Übertragen von Mauricio Boersner. Hamburg (Dulk) 1951, S.79.

Mauricio Boersners (1891–1961) kleine Anthologie mit Dichtungen der Weltliteratur enthält auch sieben Shakespeare-Sonette.

66.   Karl Theodor Busch 1954

Vergleich ich dich mit einem Sommertag?
Mehr Maß und Anmut wurden dir zuteil:
Maiknospen zart trifft rauher Winde Schlag,
Und Sommers Pacht währt allzu kurze Weil.

Mitunter scheint des Himmels Aug zu heiß,
Getrübt ist oft sein goldbeglänztes Zelt;
Was schön ist, gibt die Schönheit manchmal preis,
Vom Zufall, vom Naturverlauf entstellt.

Doch soll dein ewiger Sommer nicht entfliehn,
Verlieren nicht, was schön an dir; nie prahl
Der Tod, du würdst in seinem Schatten ziehn,
Da in die Zeit wächst ewigen Liedes Mal.

Solange Menschen atmen, Augen sehn,
Solang wird dies und du in ihm bestehn.

Sonette der Völker, Siebenhundert Sonette aus sieben Jahrhunderten, ausgewählt und ins Deutsche übertragen von Karl Theodor Busch, Heidelberg (Drei Brücken) 1954, S. 221.

Karl Theodor Buschs (1905–1981) große Sammlung von Sonetten aus im Ganzen 30 europäischen Sprachen bis hin zum Rätoromanischen und Ladinischen oder Estnischen und Ukrainischen (leider enthält das Buch nicht die Originaltexte) bietet auch 17 Shakespeare-Sonette und entstand als eine Art Belege-Sammlung im Gefolge der ersten ausführlichen deutschen Monographie zur Geschichte des Sonetts, der des Romanisten Walter Mönch (Heidelberg 1954).

67.   Erich Bockholt 1958

Vergleich ich dich mit einem Sommertag?
Noch lieblicher bist du und so gelinde!
Die Maienknospen schütteln rauhe Winde,
Und Sommerzeit ist gar zu kurz im Hag.

Das Himmelsauge scheint biswann zu heiß.
Oft trübt sein goldenes Gesicht sich wieder,
Und Schönheit sinkt vom Schönen manchmal nieder
Nicht auf des Zufalls, der Natur Geheiß.

Dein Sommer soll nicht gilben noch ermatten
Noch je verlieren seiner Schönheit Licht.
Nie rühm der Tod sich dein in seinem Schatten,
Denn du erblühst in ewigem Gedicht.

So lange Menschen atmen, Augen sehn,
So lange lebts und wird nicht untergehn.

Shakespeares Sonett Nr. 18, übertragen von Erich Bockholt, in: Johannes von Guenther (Hg.): *Liebesgedichte* – Reihe „Lyrik aus aller Welt", Frankfurt am Main (Ullstein Taschenbuch 186) 1958, S.63.

Der Autor Erich Bockholt (*1904) übersetzte offensichtlich nur dieses eine Sonett von Shakespeare.

68.   Rolf Dietrich Keil 1959

Verglich' ich dich wohl einem Sommertag,
Wo du viel holder und viel milder bist?
Im Mai trifft zarte Knospen Hagelschlag,
Und Sommers Lehn hat allzu kurze Frist;
Manchmal zu heiß des Himmels Auge brennt,
Und oft sehn wir sein Gold durch Schleier nur;
Und jedes Schön vom Schönsein einst sich trennt
Durch Zufall oder Wandel der Natur.
Dein ewiger Sommer aber wird nie blaß,
Noch büßt er diese, deine Herrlichkeit,
Noch prahlt je Tod, daß dich sein Schatten faß,
Wächst du in ewigen Zeilen in der Zeit.

Solang ein Aug noch schaut, ein Atem bebt,
Solang lebt dies, das ewig dich belebt.

Shakespeare, *Die Sonette*, Deutsch von Rolf-Dietrich Keil, Düsseldorf, Köln (Eugen Diederichs) 1959, in der Reihe „Diederichs Taschenausgaben" 17, S.23.

Rolf-Dietrich Keil (*1923) ordnete die Sonette neu in einzelne Gruppen, denen er Überschriften gab, so ist die Nr. 18 hier im Kapitel „Widmungen" untergebracht.

69. Alice Seiffert 1959

[...]
Dein ewiger Sommer, nie soll er ermatten,
Noch schwinden deiner Jugendschöne Kleid;
Nie prahle Tod, du gingst in seinem Schatten –
In ewigen Versen blühst du in die Zeit.
Solange Menschen atmen, Augen sehn,
Solang lebt dies und gibt dir Fortbestehn ...

Alice Seifferts Teilübertragung in: Oscar Wilde, *Sämtliche Märchen und Erzählungen, Das Bildnis des Mr. W. H.*, Bremen (Schünemann) 1963 (Liz. Dieterich Leipzig 1959), S.331f.

Oscar Wildes erzählerischer Essay von 1889 zum Problem der Identität des „Mr. W. H." (in der den Sonetten 1609 von Thorpe vorangestellten Widmung) erschien 1959 in der deutschen Übersetzung von Alice Seiffert (1897–1976); Wildes Einfügungen aus den Sonetten verdeutschte sie selbst.

70. Karl Hermann 1963

Soll ich Dich einem Sommertag vergleichen?
Du bist viel lieblicher und viel gelinder:
durch Maienknospen rauhe Winde streichen,
und Sommers Pracht hat ihre Zeit nicht minder.

Des Himmels Auge leuchtet oft zu heiß,
nicht selten ist die goldne Farbe matt;
und alles Schöne um das Ende weiß –
durch Zufall, oder weil es lebenssatt.

Doch soll der lange Sommer niemals schwinden,
nie Deine Schönheit seiner Macht entgleiten,
noch soll Dich Todesschatten prahlend finden,
wenn Du für ewig wächst in alle Zeiten.

So lang wir Atmen oder Augen sehn,
so lang wird lebend dies für Dich bestehn.

Shakespeare, *Sonette*, Übertragung von Karl Hermann, Graz (Selbstverlag) 1963, S.14.

Karl Hermann (1905–1969) gab seinen Privatdruck im Shakespeare-Jahr 1964 mit der auch von anderen geteilten Bemerkung heraus, dass er für die meisten Sonette (und für Sonett 18 im Besonderen) eine Frau als Adressatin annehme.

71. Friedrich Rupp 1964

Soll ich dich einem Sommertag vergleichen?
Doch nein, denn du bist lieblicher und lind.
Die holde Maienpracht verwehte rauher Wind
und auch der Sommer mußt zu rasch verstreichen.
Oft brennt so heiß der Sonne ew'ges Zeichen,
daß sie den goldnen Segen wieder nimmt,
durch Zufall und Naturgesetz bestimmt
muß alles Schöne anderm Schönen weichen.
Dein ew'ger Sommer aber darf nicht bleichen,
nie wird verlor'ne Schönheit dir zur Last,
noch sei von Todesschatten du erfaßt:
Die Unvergänglichkeit mußt du erreichen.
So lang der Mensch kann atmen oder schauen,
magst du, wie dieses Lied, der Zukunft trauen.

William Shakespeare, *Sonette*, Nachgedichtet von Friedrich Rupp, Wien (Europäischer Verlag) 1964, S.12.

Friedrich Rupp (*1893) beklagte in einem seiner Gesamtübersetzung vorangestellten Widmungs-Sonett an Shakespeare ausdrücklich den Umstand, dass man im Englischen mit derselben Silbenzahl mehr sagen könne als im Deutschen, ließ sich aber dennoch nicht zu Alexandrinern verleiten.

72. Harry Blunk 1964

soll ich dich einem sommertag vergleichen
– dich, der du lieblicher und holder bist –,
da maienblüten rauhen stürmen weichen,
und allzukurz nur währt des sommers frist?

bisweilen brennt das himmelsaug zu heiss,
oft ist sein goldenes angesicht verdeckt,
und alles schöne zahlt des schönen preis,
durch zufall oder wechsellauf befleckt.

doch soll dein ewger sommer nie vergehn,
nicht missen deiner schönheit eigentum,
noch tod dich stolz in seinem schatten sehn,
in ewigem lied wächst in die zeit dein ruhm.

solange menschen atmen, augen sehn,
wird dies und du – der darin lebt – bestehn.

Shakespeares Sonette deutsch. Von Harry Blunk. o.O., o.J. [1964], unpaginiert. *Es handelt sich um ein buchbindergebundenes privates Typoskript.*

Harry Blunk (1940–1997) gehört zu jenen Autoren, die ihre Gesamtübersetzung der Shakespeare-Sonette nie publizieren konnten und deshalb einen eigenen Privatdruck in (vermutlich) sehr wenigen Exemplaren veranstalteten. Blunks Versuch datiert aus dem Jahr 1964.

73. Friedrich Hoffmann 1967

Vergleich ich dich mit einem Sommertag?
Viel lieblicher und voller Maß bist du:
Rauh fährt der Wind durch zarten Blütenhag,
Rasch eilt der Sommer seinem Ende zu.

Oft flammt des Himmels Auge mitleidlos,
Oft ist sein goldnes Antlitz uns verhüllt,
Was schön ist, einmal steht es arm und bloß,
Zufall und Wechsel zehrt an seinem Bild.

Dein ewiger Sommer doch wird nicht vergehn,
Und deiner Schönheit hat kein Ding Gewalt,
Kein Tod wird dich in seinem Schatten sehn,
Da du erstehst in zeitloser Gestalt.

Solang ein menschlich Auge Schönheit liebt,
Wird fortbestehen, was dir Leben gibt.

Sonette von Shakespeare. Deutsch von Friedrich Hoffmann. In: Der Kranich, 9 (1967), S.19f.

Bernt von Heiselers „Kranich" druckte zehn Sonettübersetzungen Friedrich Hoffmanns (1914–1974).

74. Paul Celan nach 1960

Vergleich ich einem Sommertag dich? du
bist lieblicher und milder, als er ist
Rauh setzt der Wind den Maienknospen zu,
und er, der Sommer, knapp ist seine Frist.

Das Himmelsaug, bisweilen glühts zu stark
oft ist verdüstert seine Farbe gold
Aus Schönem schwindet schön, das sich drin barg:*
Natur und Zufall wird Tribut gezollt

Doch du, dein Sommer – er ist unbegrenzt
Du hältst das Schöne, es bleibt dein Besitz
Der Tod wirft keinen Schatten über dich
[...]

* für Zeile 7 gibt es die Alternative: „Schön schwindet aus dem Schönen, wo sich's barg"

in: Kathrin Volkmann, *Shakespeares Sonette in Spielarten deutscher Sprache und Literatur, Übersetzungsprozesse zwischen Philologie und dichterischer Kreativität,* Dissertation Heidelberg 1995/6, im Druck der Universitätsdruckerei Heidelberg 1998, S.152. *Das Manuskript des Celan-Texts ist im deutschen Literaturarchiv Marbach unter der Zugangsnummer D 90.1.335 zu finden.*

Paul Celans (1920–1970) Übersetzungsentwurf von Sonett 18 aus dem bislang unpublizierten Teil seines literarischen Nachlasses wird nach Kathrin Volkmanns Dissertation von 1996 zitiert. Der durch die Korrektur letzte greifbare Wortlaut wird hier einmal versuchsweise – und erstmals – geschrieben; eine genauere analoge Abbildung des Manuskripts mit den Einfügungen und Streichungen des Autors bietet Volkmann a.a.O. – Diese fragmentarische Übersetzung hat eine erneute Publikation zwar sicher verdient, wurde aber vom Autor selbst *nicht* fertiggestellt und dem Korpus seiner in der „Neuen Rundschau" (Frankfurt 1964) und später in der Insel-Bücherei (Frankfurt Wiesbaden 1967) veröffentlichten Shakespeare-Sonett-Übersetzungen *nicht* beigefügt; unsere Veröffentlichung erfolgt daher nicht ganz ohne Bedenken.

Gegenwart (ab etwa 1970)

75. Gisbert Kranz 1970

Vergleich ich dich mit einem Sommertag?
Anmutiger, gelassener du bist:
Rauh wühlt der Wind im holden Maienhag,
Und Sommers Pacht hat allzu kurze Frist.
Manchmal zu heiß des Himmels Auge scheint,
Und oft sein golden Antlitz trübe blickt.
Und Schönes manchmal Schönheit fast verneint,
Durch Wechselfälle der Natur entschmückt.
Doch soll dein ew'ger Sommer nie ermatten,
Nie sehn, daß deine Schönheit dir entflieht.
Nie prahle Tod, du gingst in seinem Schatten,
Wenn dich unsterblich macht mein ewig Lied.
  Solange Menschen atmen, Augen sehn,
  So lang lebt dies, und dies läßt dich bestehn.

Englische Sonette, Englisch/Deutsch, Ausgewählt und übersetzt von Gisbert Kranz, Stuttgart (Philipp Reclam jun.) 1970, S.37.

Gisbert Kranz (*1923) liefert die erste Sammlung übersetzter englischer Lyrik – und darunter 15 Shakespeare-Sonette – an Reclam, d.h. in jenen Kanon von Weltliteratur, der in Schule und Universität Lehrgegenstand ist, – nicht nur Bildungsvorrat einer Elite. Das ist kein unwesentlicher Gesichtspunkt für die weitere Verbreitung der Shakespeare-Sonette. Erneuert wurde die Reclam-Präsenz der Shakespeare-Sonette durch Raimund Borgmeiers zweisprachige Anthologie (Stuttgart 1974), wo er für alle 154 Gedichte aus den Übersetzungen von 17 deutschen Nachdichtern schöpft.

76. *Carl Korth 1973*

Bist du gleich einem Frühlingstag, so lind?
Nein, sanfter noch und lieblicher fürwahr:
An Maienknospen zaust ein rauher Wind,
Und Sommer pachtet allzu kurz das Jahr:
Bisweilen ist zu heiß der Sonne Schein,
Und oft verdunkelt sich ihr goldnes Haupt,
Und alle Schönheit büßt an Schönheit ein,
Vom Unglück wird sie, von der Zeit beraubt.
Doch soll dein Sommer ewig nicht ermatten,
Noch auf dein Strahlenlicht vergeblich zählen,
Noch prahle Tod, du bliebst in seinem Schatten,
Wenn Verse ewig dich der Zeit vermählen.
 Solange Menschen atmen, Augen sehen,
 Solang lebt dies, und du kannst nicht vergehen.

Shakespeares Sonette, Ins Deutsche übertragen von Carl Korth, Nürnberg (als Manuskript gedruckt) 1973, unpaginiert.

Der Erlanger Universitäts-Mediziner Carl Korth (1903–1988) ist der Prototyp des an schöner Literatur interessierten Naturwissenschaftlers. Seine Freunde veranstalteten diesen nicht öffentlich publizierten Privatdruck zu seinem 70. Geburtstag.

77.   Alfred Fields 1973

Bist du wie Sommertages Glut und Stille?
Nein, du bist holder, deine Glut ist milder.
Rauh schlaegt der Wind der Maienknospen Huelle
Und rasch verwehn des Sommers bunte Bilder.
Des Himmels Auge flammt zu heiß zuzeiten,
Und oftmals ist sein Gold ein truebes nur.
Von allem Schoenen muss der Glanz vergleiten,
So will es Schicksal oder die Natur.
Doch deines Sommers Kraft wird nie ermatten,
Nie seiner Schoenheit zwingende Gewalt.
Nie wird des Todes Flügel dich beschatten,
Gewinnst in ewigen Reimen du Gestalt.

   Solange Menschen atmen, Augen sehn,
   Solang wird dies, wirst du in ihm bestehn!

Shakespeare's Sonette, Englisch und Deutsch, Übersetzt von Alfred Fields, Darmstadt (Bläschke) 1973, unpaginiert.

Nach einem Vorlauf (*Twelve Sonnets, Zwoelf Sonette,* London, Smith 1970) legte Alfred Fields (die Lebensdaten konnten nicht ermittelt werden) 1973 die komplette Folge vor.

78. *Zoltán Franyó 1973*

Soll ich vergleichen einem Sommertag
Dich, der du lieblicher und milder bist?
An Maienknospen zerrt der Wind im Hag.
Des Sommers Pracht hat allzu kurze Frist.
Oft glüht des Himmels Auge allzu heiß,
Oft hüllt in Dunst sich seine goldne Spur,
Das Schöne löscht des Schönen hellsten Gleiß
Durch Zufall oder Wechsel der Natur.
Doch soll dein ewger Sommer nie ermatten,
Nie soll vergehn, was Schönheit dir verleiht,
Der Tod nicht rühmen sich mit deinem Schatten,
In ewgen Reimen ragst du durch die Zeit.
  Solange Menschen atmen, Augen sehn,
  Wirst du mit diesem Liede fortbestehn.

Zoltán Franyó: *So weit die Welt nur offen ist*. Verse aus der Weltlyrik. Geleitwort von Andreas A. Lillin. Temesvar (Facla) 1973, S.12f.

Die Übersetzungen von Zoltán Franyó (1887–1978) richteten sich an die deutschsprachige Bevölkerung Siebenbürgens; das Buch enthält drei Shakespeare-Sonette.

79. Ernst-Edmund Keil 1980

Soll ich dich einem Sommertag vergleichen?
Viel lieblicher, viel mäßiger bist du:
Des Frühlings Knospen müssen Stürmen weichen,
und kurz bemessen ist des Sommers Ruh.

Zu heiß manchmal das Himmelsauge brennt,
auch ist sein Glanz nicht immer golden nur,
und jedes Schöne sich vom Schönen trennt
Durch Zufall oder Laune der Natur.

Doch soll dein ew'ger Sommer nie ermatten,
noch je das Schöne büßen, das dir eigen,
noch prahl der Tod, du stündst in seinem Schatten,
sollst in die Zeit in ew'gen Versen steigen.

Solange Menschen atmen, Augen sehn,
wird dies hier, was dir Leben gibt, bestehn.

William Shakespeare, *Ausgewählte Sonette*, Englisch-Deutsch, ausgewählt und übertragen von Ernst-Edmund Keil, Bonn (Parnaß im GHM-Verlag) 1980, unpaginiert.

Der Gelehrte, Schauspieler, Lehrer und Journalist Ernst-Edmund Keil (*1928) übersetzte 25 Shakespeare-Sonette.

80. Henriette Beese 1984

Huldigung

Vergleichen? Einem Sommertag?
Mehr Anmut. Mehr schwebende Vollkommenheit.
Nicht Blüten die im Mai erfrieren
Nicht Sommer der halb angefangen endet
Nicht Himmelsauge das versengend blickt
Nicht Gold in schwülem Nebel aufgelöst
Und alles Schöne, das der Schönheit oft entfällt,
Zufallsweise, gemäß dem Lauf der Natur.
Nein, dein Sommer, nie verblassend,
Kein Fall aus den Bezirken der Schönheit.
Kein Anspruch des Tods, schattenhaft.
Ewige Spuren wachsen gegen die Zeit.
  Wenn Menschen atmen, Augen sehn,
  Ist dies, und darin du.

33 Liebesgedichte von Francesco Petrarca, Stéphane Mallarmé, Maurice Scève, Louize Labé, Pierre de Ronsard, Sir Philip Sidney, Jean de Sponde, William Shakespeare, Edward Fitzgerald nach Omar Kayyám, Sappho. Deutsche Versionen von Henriette Beese, Berlin (Alexander) 1984, S.33.

Henriette Beese (*1944) arbeitete hier ohne alle Zwänge in Bezug auf Reim oder Metrum, was ihrer eindrucksvollen Übersetzung aber gewiss keinen Abbruch tut.

81. Karl Bernhard 1989

Vergleich ich dich mit einem Sonnentag,
obgleich du schöner und beständig bist?
Rauh ist der Wind, der Maienflor nicht mag,
Und Sommers Pracht hat viel zu kurze Frist.

Mal brennt des Himmels Aug' auch viel zu heiß,
mal schimmert nur sein goldner Glanz so matt,
als ob die Schönheit von der Schönheit weiß,
dass sie des Wechsels Lauf zum Schicksal hat.

Dir soll dein Sommer ewig nicht vergehn,
nie, was die Schönheit je verheißt,
niemals wirst du in Todes Schatten stehn,
wenn meine Schrift dich deiner Zeit entreißt:

Solange Menschen leben, stirbt sie nie,
unsterblich ist dein Liebreiz so durch sie.

Die Sonette des William Shakespeare, englisch und deutsch, nachgedichtet von Karl Bernhard, Frankfurt am Main (Insel) 1989, S.239.

Wir begegnen in Karl Bernhard (*1928) dem einmaligen Fall, dass ein Übersetzer die *veränderte* Reihenfolge der Sonette, errichtet durch einen früheren Übersetzer (hier Bodenstedt), im Ganzen übernimmt. Leider gab der Autor seiner Gesamtübersetzung keine Konkordanz bei, was das Auffinden bestimmter Nummern nun sehr erschwert – wenn man nicht gleichzeitig Bodenstedts Ausgabe zur Hand hat.

82.   Hans-Dieter Gelfert (1. Fassung) 1989

Soll ich Dich einem Sommertag vergleichen?
Du bist viel lieblicher; denn noch im Mai
Läßt rauher Wind die Knospen oft erbleichen,
Und allzu rasch ist Sommers Zeit vorbei.

Zuweilen scheint des Himmels Aug' zu heiß,
Und öfter ist's von Wolkendunst verhangen;
Und alles Schöne gibt sein Schönes preis,
Wie's Zufall oder die Natur verlangen.

Dein Sommer aber wird niemals vergehn,
Noch geht Dir Deine Schönheit je verloren,
Dich wird des Todes Schatten nicht umwehn,
Durch diese Zeilen wirst du neu geboren.

Solange Menschen atmen, Augen sehn,
Wirst Du in diesen Versen fortbestehn.

83.   Hans-Dieter Gelfert (2. Fassung) 2000

Soll ich dich einem Sommertag vergleichen,
Dich, der du lieblicher und milder bist?
Um Maienknospen raue Winde streichen,
Und Sommers Pacht hat allzu kurze Frist.
Oft scheint des Himmels Aug' zu heiß herab,
Dann wieder ist sein goldner Schein getrübt.
Und alles Schöne weicht vom Schönen ab
Durch Zufall oder wie's Natur beliebt.
Dein Sommer aber hört nie auf zu strahlen,
Noch geht verloren deine Lieblichkeit,
Noch wird der Tod, dich zu besitzen, prahlen:
In ew'gen Zeilen wächst du in der Zeit.
  Solange Menschen atmen, Augen sehn,
  Solang lebt dies, und dies lässt dich bestehn.

Hundert englische Gedichte [...], hg. u. übers. von Hans-Dieter Gelfert, München (dtv) 1999/2000, S.29; *außerdem*: Hans-Dieter Gelfert, *Shakespeare*, München (Beck) 2000, S.60.

Hans-Dieter Gelfert (*1937) publizierte zwei Fassungen, die erste bereits im Shakespeare-Jahrbuch 1989, S.291, wonach hier zitiert wird.

84. *Peter Groth 1989*

Soll ich Dich einem Sommertag vergleichen?
Du hast mehr Anmut und Beständigkeit.
Um Maienknospen rauhe Winde streichen,
Des Sommers Pacht währt allzu kurze Zeit.
Des Himmels Auge scheint manchmal zu heiß,
Oft ist sein gold'nes Antlitz trübe nur,
Und alles Schöne zeigt einmal Verschleiß
Durch Schicksal oder Wandel der Natur.
Doch wird Dein ew'ger Sommer nicht verblüh'n
Und den Besitz der Schönheit nicht verlieren,
Noch wird der Tod Dich in den Schatten zieh'n,
Wenn ew'ge Zeilen Dich unsterblich zieren.
 Solange Menschen atmen, Augen seh'n,
 So lang lebt dies und läßt Dich nie vergeh'n.

Shakespeare, *Sieben Sonette in einer philologisch fundierten Versübersetzung* von Peter Groth, Hamburg (Feldhaus) 1989, S.13.

Peter Groth (*1939) versuchte die 'philologische' Verbindlichkeit seiner Übersetzung von im Ganzen sieben Sonetten dadurch zu steigern, dass er zeilengenau kommentierte und ausführliche bibliographische Referenzen anfügte.

85. Harald Heidrich 1993

Darf ich Dich einem Sommertag vergleichen?
Denn Du bist lieblicher und schöner noch.
Die zarten Blüten müssen rauhen Winden weichen;
Und Sommers Zeit ist kurz bemessen doch.

Durch heißen Glanz des Himmels Auge blendet,
Doch ach, wie leicht ist oft sein Blick getrübt,
Da alle Schönheit sich der Zeit entwindet,
Weil es des Lebens Kreislauf so gefügt.

Indes, Dein ewger Sommer soll nicht schwinden,
All Deine Schönheit nimmermehr vergehn,
Und auch der Tod kann nirgendwo Dich finden –
Du wirst in ewgen Reimen immerdar bestehn!

Solang s i e Menschenaugen staunend sehn,
Mag Deine Schönheit nimmermehr verwehn.

Ausgewählte englische Gedichte in moderner deutscher Nachdichtung. Hamburg-Harburg (Jahn & Ernst) o.J. [1993], S.161.

Harald Heidrich (*1939) übersetzte 45 Sonette Shakespeares.

86. Wolfgang Kaußen 1993

Setz ich zum Sommertag dich in Vergleich?
Du bist doch schöner und bleibst, wie du bist –
Mais liebste Blüte zaust des Sturmwinds Streich,
Und Sommers Pacht hat allzu kurze Frist:

Bald sticht des Himmels Aug zu heiß herab,
Oft wird sein golden Angesicht auch fahl;
Der Glanz löst sich vom Schönen einmal ab –
Im Wechsel von Natur und Glück wirds schal;

Dein Sommer, immerwährend, hab nicht Not,
Nie schwinde ihm die Schönheit, einmal dein,
Noch prahle, daß er dich beschatte, Tod –
In ewgen Zeilen wächst der Zeit du ein.

So lang ein Mensch noch Atmer, Auge Schauer,
Verschafft dir Leben dieses Lebens Dauer.

Shakespeares Sonette deutsch, eine Übertragung von Wolfgang Kaußen, Frankfurt am Main (S.P.Q. Jutta Kaußen) 1993, S.24 – *später auch:* Insel-Tb 2228

Wolfgang Kaußen (*1953) gebührt im Zusammenhang der Shakespeare-Sonette außer für seine eigene Komplett-Übersetzung auch Dank für die Betreuung der Celan'schen Shakespeare-Sonett-Übersetzung im Insel-Verlag, die leider keine vom Autor für die Publikation vorgesehene Version von Sonett 18 enthält. – Es sei auch nicht verschwiegen, dass es Wolfgang Kaußen Mühe bereitete, uns den Text seines Sonetts Nr. 18 aus der eignen Gesamtübersetzung zu überlassen. Er schreibt dazu: „Ich sehe diese Art Sammlungen durchaus mit gemischten Gefühlen. Eine Gesamtübertragung ist, wie das Originalwerk, ein Individuum, eine Architektur, bei der spezielle Kunstmittel zu einer Gesamtwirkung vereinigt werden. Diese Kunstmittel wird jeder Übersetzer anders akzentuieren. Bei Shakespeare hatte ich meine besondere Absicht auf eine nicht gefällige, aufgeraute Klangschönheit (Alliteration und Vokalqualitäten) sowie auf die paradoxalen Sprachspiele [gerichtet] – siehe W. H. Auden. Das ist, wie die mannigfachen Gesamtübersetzungen zeigen, keinesweg selbstverständlich. Nun so viele unterschiedliche Ansätze in dieser zerstückten Form nebeneinandergestellt zu sehen, nach äußeren Kriterien wie Vollständigkeit und, vermute ich, Chronologie, macht mir als Übersetzer keine wirkliche Freude. Beim unbeteiligteren Rezipienten, das will ich gern einräumen, mag es anders aussehen; allerdings fördern, glaube ich, diese Zusammenstellungen eine unorganische Betrachtungsweise und klamüserndes Lesen." – Sein Standpunkt sei hier auch darum mitgeteilt, weil er gewiss von manchem Beiträger oder Leser dieser Sammlung geteilt wird. Dass sich der Herausgeber zu anderer Sicht durchgerungen hat, trifft aber vielleicht auch auf Verständnis.

87. Hanno Helbling 1994

Ich soll dich einem Sommertag vergleichen –
dich, der du freundlicher und steter bist?
So manche Knospe muß dem Sturmwind weichen;
des Sommers Pacht hat allzu kurze Frist.
Des Himmels Auge kann zu heiß wohl brennen,
und seine goldne Leuchte mag sich trüben,
und oft muß Schönes sich von Schönem trennen,
durch ein Geschick, durch die Natur getrieben.
Dein ew'ger Sommer aber soll nicht fliehn,
noch diese Schönheit, dein Besitz, ihm fehlen,
noch soll der Tod dich in sein Dunkel ziehn,
wenn ew'ge Verse dich der Zeit vermählen.
So lang, wie Menschen atmen, Augen sehn,
so lang lebt dies, so lang wirst du bestehn.

William Shakespeare, *Die Sonette*, englisch-deutsch, Übertragung und Nachwort von Hanno Helbling, Zürich, Manesse Bibliothek der Weltliteratur (Manesse) 1983; *hier wurde die vom Autor verbesserte zweite Fassung verwendet:* Shakespeare *Sonette* Englisch und deutsch [mehrere Übersetzer], herausgegeben und mit einem Vorwort von Hanno Helbling, Zürich (Diogenes) 1994, S.31.

Der langjährige Feuilleton-Chef der „Neuen Zürcher Zeitung", Hanno Helbling (*1930), trägt diese Fassung von Sonett 18 bei; sie ist gegenüber der Fassung von 1983 leicht verändert und nach Auskunft des Autors der älteren vorzuziehen.

88. Christa Schuenke 1994

Vergleich ich dich mit einem Sommertag?
Du hast mehr Maß und größre Lieblichkeit.
Die Maienknospe, die verzärtelt lag,
Schlägt rauher Wind; kurz währt des Sommers Zeit.
Des Himmels Auge brennt manchmal zu heiß,
Sein goldnes Antlitz, oft trübt sich's für lang,
Und alles Schöne gibt die Schönheit preis,
Sei's Zufall, sei's des Wandels kruder Gang.
Doch nie soll deines Sommers Pracht ermatten,
Nie soll zerschleißen deiner Schönheit Kleid,
Nie Tod sich brüsten, dass in seinem Schatten
Du gehst: Im Vers zwingst du die Sterblichkeit.
  Solang ein Mensch noch atmet, Augen sehn,
  Solang dies steht, solang wirst du bestehn.

William Shakespeare, *Die Sonette* – Zweisprachige Ausgabe – Neu übersetzt von Christa Schuenke, Straelen/Niederrhein (Bosse & Leck) 1994, ²1996 (Straelener Manuskripte Neue Folge 12), mit einer CD *Fünfzig Sonette zum Hören*, S.25; *außerdem:* William Shakespeare – *The Sonnets – Die Sonette*, Übersetzung und Nachwort von Christa Schuenke, mit einem Essay und Literaturhinweisen von Manfred Pfister (und einem Gespräch [von Christa Jansohn] mit der Übersetzerin), München (dtv) 1999.

Christa Schuenke (*1944) gilt als die maßgebliche Übersetzerin der Shakespeare-Sonette in der Gegenwart; sie erhielt für diese Arbeit den Wieland-Preis.

89.   Wolf Biermann etwa 1995

Ich dich vergleichen mit 'nem Sommertag? O nein!
Viel lieblicher bist du und nicht so kunterbunt
In zarte Blüten bricht im Mai oft Eiswind ein
Der Sommer pachtet viel zu kurz das Jahr. Ach und

Oft brennt das goldne Himmelsaug zu lichterloh
Grad strahlt es, schon wirds trübe. Die Natur, sie haßt
Das schönste Schöne, macht es nieder, einfach so
Aus Zufall, oder weils gut zum Kalender paßt

Dein Sommer aber wird nie welken, nie vergehn
Was du besitzt, klaut keiner dir. Ich weiß Bescheid
Nie wirst du in des eitlen Todes Schatten stehn
Mit meinem Vers gelangst du in die Ewigkeit

Solang im Mensch noch Odem ist, im Aug noch Licht
Wirst du unsterblich bleiben, leben im Gedicht

Hier zum ersten Mal veröffentlicht.

Wolf Biermann (*1936) gestattete uns den Erstdruck seiner Übersetzung des 18. Sonetts. Er verwendete mit Begründung einen Sechsheber als Verszeile (keinen Alexandriner, denn die Zäsur in der Mitte wurde prinzipiell vermieden!) anstelle des fünfhebigen Jambus. Der Autor meint, das Deutsche benötige eben diese zwei Silben mehr pro Zeile, um die gleiche Menge an Aussagen hervorzubringen.

90. *Anonymus etwa 1995*

du liebste bist für mich kein sommertag
der nur verloht in einer magren zeit
noch wie im mai die kühle auf den zweigen lag
vergleich ich dich mit der unendlichkeit

manchmal ist unser himmel rot in glut getaucht
sie stirbt dahin und läßt dich schon allein
im kosmos wird das schöne nur gebraucht
für die sekunde da wir uns befrein

vom schattenland des todes – gehn ins licht
du liebste überdauerst sternenzeiten
dein leib ist schön und ich vergesse mich
nimm mein gedicht – nichts wird dich sonst begleiten

  solang die worte reichen, dies zu sagen
  lebst du auch fort in guten – schlechten tagen

Der Text ist von Wolf Biermann überliefert.

Über den Autor ist weiter nichts bekannt.

91. *Charles Stünzi 1995*

Soll ich dich messen an des Sommers Zeit?
Viel schöner bist du, und du hältst mehr Mass.
Der Wind erschüttert Knospen, sturmbereit,
Und allzu schnell verdorrt des Sommers Gras.

Manchmal erstrahlt zu heiss der Sonne Rund,
Und oft verdunkelt ist ihr güldner Schein,
Und alle Schönheit kennt die Todesstund,
Entstellt durch Unbilden und Alterspein.

Doch dein endloser Sommer bleibt sich gleich,
Verliert die Schönheit nicht, die du besitzt.
Auch drohet nicht des Todes Schattenreich
Dir, Teil der Zeit, auf ewig eingeritzt.

Solange Menschen leben, Augen sehn,
Solang lebt dies, und so bleibst du bestehn.

Charles Stünzi, *Mensch, oh Mensch*, Fulda (Verlag freier Autoren, VfA) 1995, S.57; hier zitiert nach dem Nachdruck in „Harass" 15/16, Dozwil (SIGNAThUR) 2002, S.242.

Der Schweizer Autor Charles Stünzi (*1948) äußerte sich im „Harass" auch theoretisch zu Shakespeare (S.250ff.).

92.   *Harald Linke 1996, 2003*

Ein Sommertag – kann ich dich so vergleichen?
So sanft wie du, so liebwert ist er nicht.
Muss junges Grün nicht oft den Wettern weichen?
Ein Sommerlehen bringt auch bald Verzicht!
Und brennt zu heiß das Himmelsauge dort,
Und golden scheint es, dunkelt seine Spur.
Denn alles Schöne läuft vom Schönen fort,
Entstellt wie Zufall will und mag Natur.
Doch ewig soll für dich ein Sommer dauern!
Der Schmuck sei nie verloren, den er leiht.
Da prahle Tod, dir düster aufzulauern –
Mein Lied verknüpfe dich der Ewigkeit!
  So lang noch Menschen atmen, Augen sehen,
  So lebt auch das, wirst du im Leben stehen.

Shakespeares Sonette, übersetzt, mit Anmerkungen versehen und herausgegeben von Harald Linke, Oederan bei Chemnitz (Privatdruck) 2003, S.21.

Harald Linkes (*1939) Gesamtübersetzung ist philologisch besonders gewissenhaft kommentiert.

93.   Kathrin Volkmann (erste Fassung) 1996

Soll ich vergleichen dich mit einem Sommertag?
Du bist viel lieblicher, viel mehr noch sacht.
Rauh schütteln Winde Maienknospen zart,
und allzu kurz dauert des Sommers Pacht.
Mal scheint das Himmelsauge viel zu heiß,
und oftmals blaß ist seine goldne Farbe,
und alles Schön vom Schönen zeigt Verschleiß,
das Los, Natur und Zeiten Lauf verdarben.
Doch ewig soll dein Sommer nicht ermatten,
auch nichts verliern von deinem schönen Sein,
auch Tod nicht prahln, du gehst in seinem Schatten,
wenn ewig wächst im Vers die Reihe dein.
  Solang noch Menschen atmen, Augen sehn,
  solang lebt dies, darin wirst du bestehn.

94.   Kathrin Volkmann (zweite Fassung) 1996

Soll ich dich messen mit dem Sommertag?
Du hast mehr Anmut, mehr Beständigkeit.
Rauh bläst der Wind, der Maienknospen plagt,
und allzu kurz ist Sommers Pächterzeit
Manchmal zu heiß das Himmelsauge brennt,
und oftmals dunkeln seine goldnen Farben,
das Schöne wird vom Schönen mal getrennt,
das Glückes Gang und die Natur verdarben.
Doch soll dein Sommer ewig nicht ermatten,
die Schönheit nicht verliern, wie du aussiehst,
auch Tod prahlt nicht, du gingst in seinem Schatten,
wenn du in Spuren ewig weiter blühst.
  Solang ein Mensch hat Aug und Lebenshauch,
  solang lebt dies, dies gibt dir Leben auch.

Kathrin Volkmann, *Shakespeares Sonette in Spielarten deutscher Sprache und Literatur, Übersetzungsprozesse zwischen Philologie und dichterischer Kreativität*, Dissertation Heidelberg 1995/6 (Druck der Universitätsdruckerei Heidelberg 1998), Anh. S.271.

Kathrin Volkmann (*1965) übersetzte selbst 51 Sonette. Das Couplet der zweiten Fassung nun:
  „Solang noch Menschen atmen, Augen schaun,
  Solang lebt dies, dies gibt dir Lebensraum."

95. *Richard Bletschacher 1996*

Soll ich dich einem Sommertag vergleichen?
Du bist weit lieblicher und ohne Hast.
Die Maienblüten welken und erbleichen
im Sturm. Der Sommer ist ein kurzer Gast.
Manchmal scheint uns zu heiß des Himmels Auge,
oft trifft sein Abglanz uns durch Wolken nur,
und daß nicht ewig uns die Schönheit tauge,
müht sich der Zufall, wandelt sich Natur.
Dein unbegrenzter Sommer soll nie welken,
die Schönheit nie verblühen, die dich schmückt,
der Tod nie sagen, er könnt' dich umwölken,
durch ew'ge Verse bist du ihm entrückt.
  So lange Menschen atmen, Augen sehen,
  bleibt dies Gedicht, in dem du lebst, bestehen.

William Shakespeare, *Die Sonette*, neu übersetzt und eingeleitet von Richard Bletschacher, zweisprachige Ausgabe, Wien (Deuticke) 1996, S.31.

Der Chefdramaturg an der Wiener Staatsoper Richard Bletschacher (*1936) übersetzte die 154 Sonette im Hinblick auf die Frage *„Wer ist dieser andere Will, dieser siegreiche Wille, dieser geliebte und bewunderte zweite William der Sonette?"*.

96. Martin Flörchinger 1995, 1996

Nein, ich vergleich' Dich keinem Sommertag,
Weil Du viel lieblicher und linder bist.
Der rauhe Maiwind wütet, wie er mag,
Und Sommers Herrlichkeit währt kurze Frist.

Nur allzu heiß brennt manches Mal die Sonne,
Dann wieder ist ihr goldnes Licht getrübt.
Nicht immer spendet Schönheit reine Wonne,
Der Zufall spielt, wie es Natur beliebt.

Niemals soll Deiner Schönheit Glanz ermatten,
Dein immerwährnder Sommer nie veralten,
Nie prahl der Tod, Du gingst in seinem Schatten;
Zur ew'gen Wonne bleibe uns erhalten.

Solange Menschen atmen, Augen sehn,
Solange bleibt dies Lied und Du mit ihm bestehn.

William Shakespeare, *Und Narren urteiln über echtes Können*, Sämtliche Sonette übertragen von Martin Flörchinger, Berlin (Frieling) 1996, S.22.

Martin Flörchinger (*1909) ist unter unseren Übersetzern der älteste; er ist Schauspieler bei den Münchner Kammerspielen, wie Bletschacher also Theatermann. Seine Übersetzungen finden sich seit den 1970er-Jahren in Programmheften seines Theaters; die Gesamtübersetzung erschien zuerst in einem Privatdruck in Flörchingers niederbayrischem Heimatort Geisenhausen 1995.

97. *Martin Langanke 1998*

Vergleichen soll ich dich mit Sommertagen,
obwohl du lieblicher und schöner bist?
Die Knospen müssen Sturm im Mai ertragen,
und kurz währt einer Sommerherrschaft Frist.

Und manchmal stiert der Sonnenblick zu heiß,
doch wird sein Goldglanz oft auch überwunden.
Und Schönheit unterliegt dem Zeitverschleiß,
in Zufall oder Weltlauf eingebunden.

Du aber sollst den Sommer niemals missen,
da Schönheit währt, die nicht verlorengeht.
Du bist dem Tod, dem Prahler, ja entrissen
durch dies Gedicht, das Zeiten übersteht.

Wo Menschen Atem haben, Augenlicht,
da lebt, worin du fortlebst, dies Gedicht.

William Shakespeare, *30 Sonette*, Neu übersetzt von Martin Langanke, Fürth (Laufschrift Edition Verlag Martin Bernhard) 1998, S.11.

Martin Langanke (*1972), der jüngste Vertreter der 'clean translators', also jener, die keine Verfremdungsgeste für ihre Arbeit bemühen, sei dem ältesten hier zugesellt.

98. *Gerd Philipps 1996*

Soll ich Dich einem Sommertag vergleichen,
der Du doch lieblicher und steter bist?
So manche Knospe muß dem Sturmwind weichen,
der Sommer selbst hat keine allzu lange Frist.

Mal scheint des Himmels Glut sehr heiß zu brennen,
mal trübt sie auch sein goldner Schein,
um Besseres vom Besseren zu trennen,
mag die Natur gelegentlich im Wechsel sein.

Dein ew'ger Sommer aber soll nicht fliehn,
noch soll die Schönheit, die ihm eignet, fehlen.
Der Tod wird Dich nicht in sein Dunkel ziehn,
wenn ew'ge Zeilen Dich erneut der Zeit vermählen.

So lange Menschen atmen, Augen sehn,
wirst Du, wie mein Gesang, nicht untergehn.

William Shakespeare, *Sonette*, übertragen und herausgegeben von G. Philipps, Leipzig (Pablos Edition) 1996, unpaginiert.

Das Buch ist ein besonders schönes mit Bildern geschmücktes bibliophiles Unternehmen von Gerd Philipps (*1952) aus Leipzig.

99. *Markus Marti 1997*

Ob ich wie einen Frühlingstag dich finde?
Du bist mir viel gemäßigter und lieber.
Die Maienknospen zittern noch im Winde,
da ist des Sommers Wohnrecht schon vorüber.

Mal scheint des Himmels Auge viel zu heiß,
und oft wirkt seine goldne Farbe düster,
und bald verliert die Schönheit ihren Reiz,
wird durch ein Unglück oder Altern wüster.

Dein ewger Frühling aber wird nicht bleich,
und deine Schönheit wird dir nie entgleiten,
der Tod nicht prahlen, sei'st in seinem Reich,
du wächst in diesen Zeilen durch die Zeiten.

Solang noch Augen sehn und Menschen leben,
so lang lebt dies Gedicht und gibt dir Leben.

Erstdruck in: Harass 15/16, EDITION SIGNAThUR Dozwil 2002, S.249.

Der Basler Universitätsdozent Markus Marti (*1955) publiziert diese hochdeutsche Fassung von Sonett 18 hier zum zweiten Mal. Interessant ist der Vergleich mit seiner mundartlichen Fassung aus dem Wallis weiter unten.

100. Simone Katrin Paul 1998

Soll ich Dich einem Sommertag vergleichen?
Wie, wenn du lieblicher und milder bist.
Rauhe Winde über Maiknospen streichen
und Sommerzeit nur kurz bemessen ist.
Manchmal zu heiß des Himmels Aug' erhellt
oft ist sein goldnes Ansehn auch getrübt
und manchmal Schönes von Schönem verfällt
durch Zufall oder Wechsel, nie erblüht.
Doch soll Dein ewger Sommer nie verblühn,
sich nichts verliern vor deiner Lieblichkeit,
noch soll Dich Tod in seinen Schatten ziehn
Dich reiche ewiger Vers durch die Zeit.
Solang noch Menschen atmen, Augen sehn
solang lebt jener, lässt dich fortbestehn.

William Shakespeare, *Sämtliche Sonette englisch/deutsch*, aus dem Englischen von Simone Katrin Paul, mit einem Nachwort von Ernst Piper, Zürich München (Pendo) 1998, S.41.

Die junge ostdeutsche Lyrikerin Simone Katrin Paul (*1966) experimentiert in dieser Übersetzung aller Sonette ganz offensichtlich mit dem Metrum, denn sie zählt die Silben wie in den romanischen Sprachen, statt Vers- und Wortakzent zu harmonisieren; das hat auch zu Irritationen in der Leserschaft geführt. Jedenfalls ist ihr *Buch* eines der schönsten in der derzeitigen Shakespeare-Sonetten-Landschaft, in der ja eher der Standard der knappen Kasse zu beobachten ist – auch dies darf einmal erwähnt werden. Ein Wunder ist es geradezu, dass trotz der Unverkäuflichkeit (?) immer noch einer weiteren Shakespeare-Sonetten-Übersetzung der Enthusiasmus der Nachdichter keineswegs gebrochen ist.

101. Susanne Steuer 1998

Soll ich dich einem Sommertag vergleichen?
Nein, milder noch und lieblicher bist du.
Durch zarte Knospen rauhe Winde streichen,
Schnell geht des Sommers Pacht dem Ende zu.
Zu heiß des Himmels Auge oftmals brennt,
Den goldnen Schimmer oft ein Dunkel deckt,
Und Schönes sich vom Schönen löst und trennt,
Wie Zufall oder wechselnde Natur bezweckt.
Dein ew'ger Sommer doch wird nicht verblassen,
Wird nie verlieren, was dir eigen ist;
Noch wird der Tod dich prahlend je erfassen,
Wenn du in ewgen Zeilen zeitlos bist.
  So lange Augen sehen und Menschen leben,
  So lang lebt dies und wird dir Leben geben.

Wenn in Gedanken süßer, stiller Stunden..., Englische Gedichte von William Shakespeare bis Alfred E. Housman, ins Deutsche übertragen von Susanne Steuer, Hamburg (Wayasbah) 1998, S.17.

Susanne Steuer (1926–1998) übersetzte 15 Shakespeare-Sonette.

102. *Friedrich Löchner 1999*

Soll ich dich einem Sommertag vergleichen?
Du bist viel schöner und viel milder noch.
Wenn Maienblüten rauhen Winden weichen,
Des Sommers Frist sich beugt der Zeiten Joch,
Wenn oft die Sonne heiß am Himmel steht,
Sich oft verdüstert sein besonntes Zelt,
Wenn alle Schönheit bald zur Neige geht,
Von Zufall oder auch Natur entstellt:
D e i n ew'ger Sommer möge fortbestehn,
D e i n Zauber immer ihm zu eigen sein,
Der Tod nicht brüsten sich mit dem Vergehn,
Gehst du ins ewige Gedeihen ein.
  Solange Aug' und Atem regen sich,
  So lang lebt dies, und dies läßt leben dich.

William Shakespeare, *[41] Ausgewählte Sonette in neuer Übertragung* von Friedrich Löchner, Bochum (drei-ECK) 1999, S.17.

Friedrich Löchner (*1915) ist ein gutes Beispiel dafür, wie in neueren Komplett- oder Teilübersetzungen der Shakespeare-Sonette an die Stelle der gelehrten Abhandlung, die noch vor hundert Jahren eine solche Übersetzung stets begleitete, nun immer mehr die gewissenhafte theoretische Auseinandersetzung mit dem Übersetzen an sich tritt – dies auch dann, wenn die Autoren wie Löchner von sich behaupten, 'literaturgeschichtliche Laien' zu sein.

103. Ulrich Erckenbrecht 2000

Bist du vergleichbar einem Sommertag?
Du bist noch lieblicher und mild und lind.
Rauh zerr'n die Winde an dem Weißdornhag,
des Sommers Lebenszeit läuft ab geschwind.

Mal ist das Licht des Himmelsaugs zu heiß,
oft ist sein goldner Schein zu trüb und kalt;
die Schönheit mindert sich im Zeitenkreis
und wird durch Schicksalswirren ungestalt.

Doch *deines* Sommers Glanz ist nicht verblaßt,
und nie verliert dein Reiz die Eigenheit,
und nie hat Todes Schatten dich erfaßt,
in meinem Lied wächst du zur Ewigkeit.

Solang' es Menschen gibt mit Schönheitssinn,
solange lebt mein Vers und du darin.

William Shakespeare: *Die Sonette*, übersetzt von Ulrich Erckenbrecht. Kassel (Muri) 2000, unpaginiert.

Es war nur eine Frage der Zeit, bis Ulrich Erckenbrecht (*1947), einer der fleißigsten und ergebnisreichsten Erforscher der deutschen Shakespeare-Sonette, auch selbst zur Feder greifen und die Sonette im Ganzen übersetzen würde. (Mit Recht bekannt wurde vorher schon seine Sammlung aller Varianten des 66. Sonetts mit dem Titel *Shakespeare Sechsundsechzig*, die 1996 und ²2001 erschien und bis heute 132 Übersetzungs-Varianten des Gedichts versammelt.) Er deklariert seine Gesamt-Übersetzung ausdrücklich als eine „freie", polemisiert im kurzen Vorwort auch gegen gewisse pedantische Übersetzungsstandards, die er beobachtet haben will. Dies hinderte ihn nicht daran, als Einziger unter allen hier vertretenen Übersetzern, in „May" nicht den Monat, sondern botanisch genau (wenn auch nicht pedantisch) den „Weißdorn" zu sehen, was der Zeile einen hübschen neuen Akzent gibt und das (scheinbare) Rätsel löst, dass der Mai von Shakespeare hier dem Sommer zugeschlagen wird (was übrigens schon Vater und Tochter Tieck sowie Karl Simrock dazu bewogen hatte, vom Tag im „Lenze" bzw. vom „Frühlingstag" zu sprechen).

104. Hans Heinrich Meier 2000

Soll ich dich einem Sommertag vergleichen,
Der du ja lieblicher und milder bist?
Maiwinde rauh um zarte Knospen streichen,
Des Sommers Pacht hat gar zu kurze Frist.
Zu heiß strahlt oft das Himmelsaug hernieder,
Und manchmal ist sein goldner Schein verdeckt,
Und Schönes scheidet oft vom Schönen wieder,
Durch Wechselfälle der Natur befleckt.
Dein ewger Sommer nun wird nie verblassen,
Noch je das Schöne mangeln, was du hast,
Noch dich in protzigen Todes Schatten lassen,
Wann Zeit dich reift, in ewigen Reim gefasst.
  Solang man atmet, oder Augen sehen,
  Solang lebt er, und du wirst fortbestehen.

William Shakespeare *Sonnets* (a selection), Traduttori: Giuliana Lucchini, Hans H. Meier, Max Ribstein, Augustín García Calvo, ed. G. Lucchini, Carrara (MS) (Ombra d'Oro Editrice Multimedia di Isabella Musetti) 2000, p.15.

Hans Heinrich Meier (*1924) schreibt zum hier wiedergegebenen Text: „Diese Version ist der bereits im Druck bei Ombra d'Oro erschienenen vorzuziehen. Die Version von Ilse Krämer [William Shakespeare: *Sonette.*, Basel (Benno Schwabe) 1945, s.o.] war mir bis Anno 2003 unbekannt. Die grosse Ähnlichkeit der ersten Strophe beruht nur auf der gleichen Wahl der Reimworte *vergleichen*, *bist* und *Frist*." Der Schweizer Literatur- und Sprachwissenschaftler Hans Heinrich Meier ist Fachmann für das Altenglische. Es gibt von ihm aber auch 23 deutsche Shakespeare-Sonette, die leider trotz angeblicher Lieferbarkeit und vorhandener ISBN derzeit nicht beschaffbar sind. Meier war außerdem beteiligt an der Vertonung aller 154 Shakespeare-Sonette im englischen Originaltext durch seinen Freund Victor Fenigstein.

105.   Georg Zeitler 2000

Soll ich Dich einem Sommertag vergleichen?
Du bist noch lieblicher als er und anders auch.
Des Maien Blüte muß den rauhen Winden weichen,
Und Sommers Leichtigkeit zerstiebt im Herbst wie Rauch.

Die Sonne scheint mit allzu starker Glut,
Und oftmals ist sie hinter Wolken weit,
Und allem Schönen sinkt einmal der Mut,
Sei's Zufall nur oder der Lauf der Zeit.

Dein Sommer nur soll immerwährend sein,
Die Hand des Alters soll Dich nicht berühren,
Und auch den Tod sollst Du nicht spüren,

Denn Werden und Vergehen sind nur Schein.
So lange Menschen atmen oder Augen sehen,
So lang lebt dies, und dies läßt Dich bestehen.

In der Zeitschrift „Frau im Spiegel" 07/2000, S.50.

Man sieht gerade am Erscheinungsort dieses Textes, dass die Beschäftigung mit den Shakespeare-Sonetten ordentlich proliferiert; von Georg Zeitler existieren weitere unveröffentlichte Shakespeare-Sonett-Übersetzungen.

106. Ingeborg Vetter 2000

Soll ich dich einem Sommertag vergleichen,
Da holder, ausgeglichener du bist?
Maiblütentraum muss rauhen Stürmen weichen,
Und gar zu kurz nur ist des Sommers Frist.
Zu heiß strahlt oft des Himmelsauges Pracht,
Auch trübt sich leicht der gold'ne Schimmer ein;
Durch Wenig aus dem Gleichgewicht gebracht,
Muss Schönheit der Natur vergänglich sein.
Doch soll dein heller Sommer ewig blühen,
Von deinem Leuchten nichts verloren gehen,
Des Todes Schatten ruhmlos vor dir fliehen;
In ew'gem Vers sollst du die Zeit bestehen.
  So lang noch ein Mensch atmet, fühlt und sieht,
  So lang lebst du, dem Leben gibt dies Lied.

Hier – von einem Privatdruck in kleinster Auflage abgesehen – zum ersten Mal veröffentlicht.

Die ehemalige Berliner Ärztin Ingeborg Vetter (*1937) übersetzte den Zyklus zweimal; ihre hochdeutsche Fassung wäre zu vergleichen mit der Berlinischen Kontrafaktur weiter unten.

107. Günter Plessow 2001

DER VERS

Soll einem Sommertag ich dich vergleichen?
Du bist viel lieblicher und – ausgeglichen.
Den rauhen Winden muß der Maitrieb weichen,
und viel zu rasch ist Sommers Frist verstrichen.
Zuzeiten brennt das Himmelsaug zu heiß,
und oft verdunkelt sich sein goldnes Licht;
und Schönes gibt zuzeiten Schönes preis,
ob Zufall, ob Gesetz, wir wissens nicht.
Dein ewiger Sommer – er vergehe nie!
Das Schöne, dein Besitz, – behalte du!
In-Todes-Schatten-Gehn – geschehe nie!
Du wächst der Zeit in ewigen Zeilen zu.
  Solange Menschen atmen, Augen sehn,
  wird dieser Vers und du in ihm bestehn.

Kritik der Liebe. Shakespeare's Sonnets & A Lover's Complaint, wiedergelesen & wiedergegeben von Günter Plessow. Passau (Karl Stutz) 2003, S.25.

Günter Plessow (*1934) verfasste eine sehr ambitionierte Gesamt-Übersetzung – nach langer Entstehungszeit. Er gab allen 154 Stücken eigene Überschriften und ordnete sie in Gruppen, änderte aber nichts an der Reihenfolge.

108. Wolfgang Sichert 2001–2003

Vergleich ich dich mit einem Sommertag
und weiß doch, daß ich lieblicher dich finde?
Der Sommerzeit entgeht ihr Pachtertrag,
an Maienknospen rütteln rauh die Winde.
Zu heiß brennt bald des Himmels Auge, bald
verhüllt's in Wolken seinen goldnen Glanz;
was erst noch schön und warm ist, bald ist's kalt,
Natur und Zufall fordern sich zum Tanz.
Dein ewger Sommer aber soll nicht schwinden,
die Schönheit, dir zu eigen, nicht ermatten;
sie sei im zeitentrückten Vers zu finden,
vergeblich prahle Tod, er sei dein Schatten:
 Solang ein Mensch noch atmet, Augen sehn,
 solang lebt dies und läßt dich fortbestehn.

Hier zum ersten Mal veröffentlicht.

Wolfgang Sichert (*1954) plant mit seiner Gesamt-Übersetzung eine mediale Umsetzung des Zyklus in ein umfangreiches Hörbild. Anderes von ihm in dieser Präsentationsform findet sich hier: http://home.t-online.de/home/allstar/toucher.htm.

109. Michael Windgassen 2002

Soll ich einem Sommertag vergleichen
dich, der du schöner bist und einwandfrei?
Rauhe Winde über Maienknospen streichen,
und Sommerzeit ist allzu schnell vorbei.
Mal strahlt zu heiß des Himmels Auge, und
oftmals ist sein helles Gold obskur;
wohl alles Schöne geht einmal zu Grund
im ungewissen Laufe der Natur.
Dein ew'ger Sommer aber wird nie weichen
noch der Besitz an Schönheit dir geraubt,
noch Tod dich wandeln lassen unter Leichen,
wenn Poesie dich zeitlos sein erlaubt.
  Solange Menschen atmen, Augen sehn,
  Solang lebt sie und lässt dich fortbestehen.

Hier zum ersten Mal veröffentlicht.

Über den professionellen Übersetzer Michael Windgassen (*1953) informiert auch das Internet.

110. Frank Viehweg 2002

Ein Sommertag

Ein Sommertag ist kein Vergleich mit dir
Weil du bezaubernder und sanfter bist
Der Frühlingswind reißt Blüten wie Papier
Dem Sommer bleibt nur eine kurze Frist
Die Sonne brennt voll Unbesonnenheit
Dann wieder schwärzt sich ihre goldne Spur
Das Schönste ist nicht schön auf Ewigkeit
Im Lauf der unerbittlichen Natur
Dein Sommer aber soll nicht endlich sein
Und nicht die Schönheit, die du ihm verleihst
Der Tod gibt sich mit dir kein Stelldichein
Wenn du im Lied durch alle Zeiten reist
Solange Menschen atmen, hörn und sehn
Bleibt dieses Lied, und du wirst nicht vergehn

Frank Viehweg, *Ich rief dich oft*, 24 Sonette nach W. Shakespeare, Berlin (NORA) 2002, S.29.

Der Berliner Liedermacher Frank Viehweg (*1960) übersetzte 24 Sonette.

111. Paul Hoffmann 2002

Soll ich vergleichen einem Sommertag
Dich, da du lieblicher und milder bist?
Knospen im Mai ein Sturm zerzausen mag,
Und, ach, wie kurz ist eines Sommers Frist!
Manchmal des Himmels Auge sengend brennt,
Und wieder dann sein goldner Glanz nicht hält;
Und jedes Schöne sich von Schönheit trennt,
Von Zufall und der Dinge Lauf entstellt.
Doch soll dein ewger Sommer nie verwehn,
Was dir an Schönheit eignet, schwindet nicht;
Nicht sollst du, ihm zum Ruhm, in Todes Schatten gehen,
Wächst in die Zeit im währenden Gedicht:
   Solange Menschen atmen, Augen sehn,
   Lebt dies hier fort, lebst du durch sein Bestehn.

William Shakespeare, *Dreißig Sonette*, Tübingen (Attempto) 2002, S.15.

Der Tübinger Germanist Paul Hoffmann (1917–1999) schrieb diese Übersetzungen natürlich weit vor dem Publikationsdatum – vermutlich während eines ganzen Lebens, – und diese Feststellung trifft wohl nicht nur auf ihn zu. Das Bändchen enthält außerdem einen sehr lesenswerten Essay zum Problem des Übersetzens von Gedichten.

112.   ZaunköniG (Ps) 2003

Vergleicht man dich mit einem Sommertag?
Du strahlst mehr Glanz aus, prunkst im rechten Maß!
Der Blütenmai in rauhen Windes Schlag,
Wie Sommerfrist, wird frühen Herbstes Fraß.

Der Himmel brennt doch manchmal viel zu hell
Und oft ist auch sein Antlitz grau getrübt.
Die Gunst der Stunde bleibt nicht aktuell,
durch Zufall, Schicksal und weil ungeübt.

Doch Du: Dein Sommer bleibt bestimmt besteh'n
Und es erblüht aus Deinem Bild Passion.
Und Du wirst nie in Todes Schatten steh'n
Wenn Du auch weiterschweifst noch manch Äon.

Du lebst, und jeder kann dich leicht versteh'n,
Solang' die Menschen mit dem Herzen seh'n.

Hier zum ersten Mal außerhalb des Internets veröffentlicht.

„ZaunköniG" (*1972) betreibt im Internet eine sorgfältig gepflegte Homepage zum Thema „Sonett-Dichtung" (http://www.sonett-central.de/).

113. Dorothee Neserke 2003

Hält ein Sommertag stand Eurem Bilde?
Seid Ihr doch lieblicher und gar milde:
Harte Winde schütteln Maiknospen scharf,
Und Sommer seinem kurzen Ziele harrt:
Bisweilen's Himmelsauge zu heiß scheint,
Und häufig ist sein golden Licht ganz schwach;
Und Schön's vom Schönen manches Mal verblaßt,
Mag's Zufall sein oder das Spiel der Zeit;
Doch ewig Sommer sollt' Euch nicht verhall'n,
Noch nicht verlieren sich Eure Schönheit,
Noch wird Todes Schatten mit Euch prahlen,
Wenn heranwachst Ihr in ew'ger Zeil'nzeit;
Solang Mensch atmet oder Auge blickt,
Solang leb' dies, und Eu'r Leben erquickt.

Hier zum ersten Mal veröffentlicht.

Dorothee Neserke (*1944) schrieb diese Übersetzung für unsere Sammlung.

114. Jürgen Burkhart 2002

Vergleich ich, was von dir im Sommer blieb,
warst lieblicher und maßvoll doch im Mai;
es schüttelt rauher Wind die Blüten lieb,
mit Sommerfreuden war's recht schnell vorbei.

Das Himmelsauge scheint manchmal zu heiß,
getrübt ist oft sein freundlich goldner Blick.
Natur nimmt ihren Lauf, bestimmt nichts weiß,
so neigt sich alles Schöne dem Geschick.

Verbleichen soll dein ew'ger Sommer nicht,
nicht mindern deine Schönheit, wie sie ist;
nicht stolzer Tod, nicht seines Schatten Pflicht,
wenn du ins ew'ge Buch geschrieben bist.

Der Mensch, solang' er atmet, sein Aug' sieht,
lebt hierin wie du weiter, das geschieht.

Hier zum ersten Mal veröffentlicht.

Der pensionierte Lehrer Jürgen Burkhart (*1938) befasst sich im Ruhestand ausführlich mit einer multimedialen Präsentation der Shakespeare-Sonette, von denen er über 70 inzwischen übersetzt hat.

115. Ludwig Bernays (1. Fassung) 2002

Soll ich dich einem Sommertag vergleichen?
Nein – denn du bist von lieblicherer Art:
es müssen doch die Maienknospen weichen,
wenn Sonnenglut sich mit Gewitter paart.
Oft lacht des Himmels Auge allzu grell,
bald ist verhüllt das goldene Gesicht,
und sommerliche Lust entschwindet schnell,
wenn dies der Laune der Natur entspricht.
Dein Sommer aber soll dir dauernd strahlen,
und Schönheit bleibe dir als Eigentum;
mag einst der Tod mit seinem Raub auch prahlen –
er nimmt dir nichts von deinem sichern Ruhm.
   Solange Menschen atmen, Augen sehn,
   wirst du in meinen Versen fortbestehn.

116. Ludwig Bernays (2. Fassung) 2003

Soll ich dich nennen einen Sommertag?
Nein: Du bist lieblicher – von zarterm Wesen.
Oft rüttelt Sommersturm am Rosenhag,
dass Knospen, schon verwelkt, vom Zweig sich lösen.
Bald scheint des Himmels Leuchte allzu grell,
bald ist verhüllt ihr goldnes Angesicht –
der Schönen Schönheit weicht und stirbt so schnell,
wie es dem Laufe der Natur entspricht.
Dein Sommer aber soll dir ewig leuchten,
und Schönheit bleibe dir als Eigentum,
dass nicht so bald dem Tod die weggescheuchten
drohnden Schatten bringen eitlen Ruhm.
   So lange Menschenaugen lesen können,
   so lang wird dies Gedicht dir Leben gönnen.

Die erste Fassung wird hier zum ersten Mal veröffentlicht, die zweite ist publiziert in: „Über den Wolken", Harass 15, EDITION SIGNAThUR, Dozwil 2002, S.246.

Ludwig Bernays (*1924) publizierte außerdem in der EDITION SIGNAThUR 2002 eine Sammlung von 56 übersetzten Shakespeare-Sonetten. Im ausführlichen Kommentar unterzog er dort vor allem das englische Original ergiebiger quellenkritischer Diskussion.

117. Eric Börner 2003

Kann dein Vergleich im Sommertag bestehn,
Da du doch lieblich-ausgeglichner bist?
Im Mai durchschütteln Knospen raue Böen,
Des Sommers Pacht verfällt in kurzer Frist:

Zu Zeiten scheint des Himmels Aug zu heiß,
Doch häufig wird sein Goldbelag auch blind,
Das Schöne trennt vom Schönen sich zumeist
Per Zufall, oder weil's Natur bestimmt.

Nie soll dein ewger Sommer untergehn,
Noch den Verlust von deiner Schönheit spürn,
Der Tod laut prahlend dich als Schatten sehn,
Da du in ewgen Zeilen wächst und grünst.

So lang wie Menschen atmen, Augen blicken,
So lang soll dies hier dich mit Leben schmücken.

Hier zum ersten Mal veröffentlicht.

Der Berliner Computerfachmann Eric Börner (*1965) veröffentlichte einige Sonett-Übersetzungen auch im Internet: http://home.arcor.de/berick/illeguan/eigenes.htm; die Nr. 18 entstand für unsere Sammlung.

118. Hans Magnus Enzensberger 2003

Was heißt hier Sommertag! So hitzig nicht,
viel zarter bist du. Wie so oft im Mai
der Sturm bereits die teuren Knospen bricht!
Und rasch ist so ein Sommer auch vorbei.

Bald brennt das große Aug am Himmel grell,
bald trüben Schatten seine goldne Iris ein.
Was schön am Schönen ist, entblättert schnell
die Laune der Natur, der Zufall. – Nein!

Ich will nicht, daß dein Sommer weicht,
daß so viel Schönheit schwindet und verwaist,
daß sie im Todesschatten ganz verbleicht.
Ich will, daß du in meinem Vers gedeihst,

und lebst, solang die Welt noch Augenlicht
und Atemzug belebt: hier, im Gedicht.

Hier zum ersten Mal veröffentlicht.

Hans Magnus Enzensberger (*1929) übersetzte Sonett 18 für unsere Sammlung.

119. Katrin Birke (Ps) 2003

Vergleich ich dich mit einem Sommertag?
Du bist allzeit nur mild, er rüttelt kalt
am Maienblütenzweig, weht rauh im Hag,
und spät wie Sommer kommt, geht er zu bald.
Brennt erst sein Himmelsauge lichterloh,
wird er schon bald verglüht sein, denn es sei
das Schöne noch so schön, es bleibt nicht so.
Natur setzt Fristen, Zufall springt ihr bei.
Doch deines schönen Sommers Blütezeit
wird endlos sein und nichts verdunkelt sie,
auch nicht der Tod, denn für die Ewigkeit
bleibst du in Reim und Vers, da stirbst du nie.
  Solang die Welt noch sieht, noch Atem spürt,
  lebst du in ihr im Lied, das sie berührt.

Dieses, die folgenden zehn Sonette und am Ende noch eines aus gleicher Hand werden hier erstmals veröffentlicht. Die Suite von zwölf Übersetzungen (einschließlich der eignen Parodie) liefert eine Probe aufs Exempel für die Bedeutungsnuancen des Originals.

120. Eike Ahorn (Ps) 2003

Wie Sommer bist du nicht, nein, kein Vergleich!
Wohltemperiert bist du, – er, oft verstimmt,
stürmt noch im Mai mit Frost ins Blütenreich,
eh' er nach kurzem Hoch schon Abschied nimmt.
Erst strahlt sein Auge himmlisch, doch so heiß,
dass er bald aufgibt wie sein Sonnenschein.
Schön bleibt nicht schön, nicht nur im Jahreskreis.
Mal geht's nach Plan, mal greift der Zufall ein.
Dein Sommer bleibt, für den seh ich nicht schwarz,
denn ewig, weil's nie zu vergilben droht,
klingt noch sein Lied, das pfeift auf alle Charts
als Evergreen, da kriegt dich keiner tot.
  Solang die Menschenwelt noch hört und sieht,
  schlägt noch dein warmes Herz für sie im Lied.

121. Lisa Buche (Ps) 2003

Wie Sommer, du? Nein, der Vergleich passt kaum.
Beständig mild bist du, er reißt eiskalt
das zarte Blütenblatt aus Maientraum
mit wildem Wind, kommt spät und endet bald.
Schlägt er erst hell sein Himmelsauge auf,
lacht sein Gesicht, doch bald wird's trüb und still,
denn Schönes bleibt nicht schön, wie es der Lauf
der Jahreszeiten – oder Zufall will.
Doch ewig wird dein Sommer sein voll Licht
und Schönheit, die kein Schatten je vertreibt.
Was er auch prahlt, der Tod, er kriegt dich nicht.
Nie wirst du sterben, denn mein Lied, das bleibt.
  Lebendig wirst du Menschen, die dies sehn,
  solang es Leben gibt, vor Augen stehn.

122. Hannes Eibe (Ps) 2003

Du und der Sommer, kein Vergleich, ihr zwei!
Voll Wärme bist du immer, er weht kalt
ins junge Grün, lässt Blüten frier'n im Mai,
ist sehr spät dran und wird auch nicht sehr alt.
Denn strahlt sein Auge himmelhell in Gold,
brennt seine Glut schon nieder und verglimmt.
Schön bleibt nicht schön, weil es, naturgewollt,
ob Plan, ob Zufall lenkt, ein Ende nimmt.
Dein schöner Sommer dauert endlos fort,
und blühn wird er, fällt nie in dunkle Nacht.
Spielt sich der Tod auch auf, das letzte Wort
entzieht ihm hier mein Lied, das ihn verlacht.
  Solange Atem weht und Menschen sehn,
  lebst du in diesem Lied und wirst bestehn.

123. *Franz Erle (Ps) 2003*

Zieh ich den Sommer zum Vergleich heran
für deine Milde? – Nein, er ist nicht stet,
greift rauh und kalt die zarten Knospen an
mit Frost im Mai, ist kurz nur schön und geht.
Denn strahlt er auf, und Himmels Auge brennt,
ermattet bald sein Glanz und er versinkt
rasch wie sich jedes Schön vom Schönsein trennt,
wenn Zufall oder Zeit zum Wechsel zwingt.
Dein Sommerschön jedoch, das blüht und bleibt
auf ewig dir ein schattenloser Hort.
Nie spotte Tod, dass er dich dort vertreibt.
Allzeit lebst du im Lied, das nie verdorrt.
  Solang ein Mensch noch Atem spürt und sieht,
  wirst du am Leben sein durch dieses Lied.

124. *Paula Gingko (Ps) 2003*

Was gleicht dir wohl, kann es der Sommer sein?
Nein, du bist lieblicher, nur mild, er schwankt,
schickt Eisesschauer noch den Maiglöcklein,
kommt viel zu spät und hat bald abgedankt.
Denn strahlt des Himmels Auge und brennt hell,
so ist sein goldnes Licht schon bald verblasst,
stirbt aller Schönheit Schönheit doch so schnell,
wie's der Natur gefällt und Zufall passt.
Doch endlos, wie dein schöner Sommer strahlt,
bleibt auch dein Leben ohne Dunkelheit.
Vorm Tod, dass er dich nie besiegt und prahlt,
bewahrt dich des Gedichtes Ewigkeit.
  Solang die Welt noch sieht, noch Atem weht,
  lebst du in dem, was hier geschrieben steht.

125. *Anne Zeder (Ps) 2003*

Wär's ein Vergleich, ein Sommertag und du?
Stets mild bist du, er springt, und setzt er kalt
noch Maimonds Knospenkind mit Frostwind zu,
lässt Sommer auf sich warten und geht bald.
Denn strahlt sein Auge hell am Himmelszelt,
ist er schon im Verglühn und jäh am Ziel
wie alles Schöne, dessen Glanz verfällt,
sich Jahreszeiten beugt und Zufalls Spiel.
Doch endlos wird dein schöner Sommer sein
und leuchten, wo kein Schatten ihn verdirbt.
Nicht Nacht noch Todes Spott holt dich dort ein.
Du bleibst in einem Lied, das niemals stirbt.
  Solange Menschen atmen, hör'n und sehn,
  wirst du lebendig sein, im Vers bestehn.

126. *Laura Linde (Ps) 2003*

Ob Sommertag wohl deinem Wesen gleicht?
Nein, sanfter bist du, lieb und immer lind.
Rauh wie der Wind um Maienblüten streicht,
ist Sommer kurz, kommt spät und geht geschwind...
Denn strahlt des Himmels Auge dann und glänzt
hell gold, ist Sommers Ende nicht mehr weit,
denn alles Schönen Schönsein wird begrenzt
durch Zufalls Wirken und vom Lauf der Zeit.
Doch endlos hält dein schöner Sommer an
wo dir nie Dunkel drohn wird, denn er bleibt
im Wort, das nie dem Tod erliegen kann,
und strahlt allzeit im Lied, das von dir schreibt.
  Solange Menschen atmen, Augen sehn,
  lässt dieses Lied dein Leben nicht vergehn.

127. *Wilma Weide (Ps) 2003*

Palinodie

Vergleich ich dich mit einem Sommertag?
Du, heiter, sonnig, warm und manchmal blau,
kannst auch mal donnern mit Gewitterschlag
wie Sommer. – Ja, dem gleichst du, ganz genau:
Dein Herz ist heiß, wenn es in Liebe brennt,
dass es sich grad wie Sommers Glut verzehrt,
doch stirbt's, wenn sich die Schöne von dir trennt
weil sie den Andern will, der sie begehrt.
Doch tröste dich, nicht dir bloß geht es so.
Wie's ewig war, wird es noch ewig sein.
Kommt neuer Sommer, bist du wieder froh.
Nicht lang vielleicht, doch ist man eh allein.
  Solang die Welt besteht mit Menschen drauf,
  hört dein Problem – das alte Lied – nicht auf.

Mit diesem Gedicht verlassen wir die Abteilung der 'clean translations' und leiten zum nächsten Kapitel über.

Mundartversionen und Kontrafakturen

128.   Hansi Palme (Ps) 2003
Kiek ick en Sommer an und seh denn dir,
da wärmste mir weit mehr wie der det kann.
Wie ick in Mai noch unta 'n Linden frier,
is doch an Sommer nich zu ville dran.
Denn is der Himmel blau und Klärchen lacht,
is och der Ofen bald schon aus und kalt,
wie jedet Jlück zu schnell en Abjang macht:
Ratzfatz und Schluss – durch höhere Jewalt.
Doch nich bei dir, du jrünst noch ewichlich,
det sar ick dir in helle Zuvasicht,
denn olle Sensenmann, der kricht dir nich,
weil ick dir jut vapackt hab in 'n Jedicht.
  Solang de Welt noch Ogen hat und Sinn
  für sowat Schönet, lebste noch da drin.

Dieses und das nachfolgende Gedicht entstammen ebenfalls noch der Feder unseres 'Baumnamen'-Lyrikers; sie leiten das Kapitel der Kontrafakturen und Mundartversionen ein.

129. *Atze Pappel (Ps) 2003*
Balinodie

Ick stell de Uhr jleich um uff Sommazeit,
wenn ick dir seh, weil denn is Sonnenschein.
Ejal, wie 't Wetter is, ob 't stürmt, ob 't schneit,
so wie de strahlst, da musset Somma sein.
Denk ick an dir, steh ick in helle Jlut.
Wenn se ma bloß nich allzu flott vabrennt!
Doch klar, det man sich Sorjen machen tut,
so wie heut allet aussenanda rennt.
Ne Ewichkeit wart ick nu schon uff dir.
So ewich sollste leben, wie ick nu
bloß kiek uff meene Uhr, drum nehm ick mir
ma Blatt un Stift, und weeßte, wat ick tu?
  Det de mir ja nich irjendwann valässt,
  halt ick dir in 'n Jedicht uff ewich fest.

130. *Ingeborg Vetter 2001*

Wie 'n Sommertag bist du eijentlich nicht!
Da fehlt det Temp'rament dir, Jott sei Dank.
Ooch Mai bringt Frost, und Juliwolke bricht,
Und im Aujust wird allet dürrekrank.
Womöglich hat Juni keen Sonnenlicht,
Denn kommt 'ne Hitzewelle, affenschwer, –
Kurz, is mal schönet Wetter, bleibt et nicht:
Mit 'm nächsten Tief kommt's Donnerwetter her!
Da is mir's lieber, du bist immer heiter,
Bewahrst dein schönes innres Jleichjewicht,
Denn Sturm und Hagel, Blitzschlag und so weiter
Verschonen ooch det ruh'jste Dasein nicht.
  Hauptsache is det frohe Herz inwendig,
  Denn bleibste ausjejlichen und lebendig!

Hier zum ersten Mal veröffentlicht. Zehn andere Sonette aus Ingeborg Vetters Berlinischer Fassung wurden im Shakespeare-Jahrbuch (München 2000) abgedruckt.

Den drei Berlinischen Versionen folgen nun die Mundartversionen aus anderen deutschen Sprachgebieten.

131. Fritz Gafner 2003

Schöö wenen Summertag, chöntsch du so sii?
Näi, so veränderlich bisch nid we s Wätter:
E Gwitter schüttlet zmool de Bluescht und d Blätter;
E sonen Summertag isch z glii verbii.

Und öppe schticht vom Himel abe d Sune
Und öppedie verschteckt si s goldig Gsicht;
Nid lang, bis Schöös em Schööne nüme gliicht.
So hät es Wätter vo Natuur uus Luune.

Dä Summer, wo i dir isch, bliibt all doo.
Du häsch e Schööni, wo dich nid verloot.
Au im ghöörsch nid; da waass sogaar de Tood;
Wänn t im Gedicht drin bisch, mosch nid vergoo.

Solang we Mäntsche Schnuuf händ, Auge sänd,
Solang läbt da: Väärs, wo dir Läbe gänd.

Hier zum ersten Mal veröffentlicht.

Der Schaffhausener Lyriker Fritz Gafner (*1930) übersetzte Sonett 18 in die Mundart seiner Heimatstadt Stein am Rhein.

132. Jürg Rosenbusch 1989

Söll mit eme Summertag ich diich vergliiche?
Wo du doch schöner und vill samfter bisch:
De ruuche Wind müend d Maiechnoschpe wiiche,
Und d Summerpacht isch churzi Ziit nu frisch:
Mängisch schiint s Aug vom Himmel z häiss uf d Ärde,
Und öppedie verlüürt d Schiibe de Glanz,
Und s Schöön vom Schööne cha nu minder wärde,
Dur Zuefall, luunigi Natuur verrünnt s:
Doch söll diin eebige Summer nüd ermatte,
Verschpill du s Schööni nüd wo d eus gää muesch,
Na praal de Tood du wandrisch i siim Schatte,
Wo n in unschtärblichi Värs du wachse tuesch,
  So lang we Mänsche schnuufed, Auge gseend,
  So lang söll s läbe was diis Läbe chröönt.

Hier zum ersten Mal veröffentlicht.

Der Mediziner und Biochemiker Jürg Rosenbusch (*1938) schrieb diese Übersetzung in Züritüütsch eigens für dieses Buch. Schon früher druckte das Shakespeare-Jahrbuch (München 1989) drei Sonette von ihm in dieser Mundart.

133. Markus Marti 2003

Fer mich bischt wiä än tag mit sunnuschii,
nur wäärli hibscher und mee üsgiglichu.
Im üsstag pfiift än frischä wind, und glii –
grad isch er cho – isch eu dr summer gwichu.

Und z öig fam himmel isch mal z'heiss, mal z'chalt,
und siänta isch schiis gold scho zimmli blass.
Will allz, wenns no so hibsch isch, äs zerfallt,
der züefall und d natür, di wellent das.

Nur diinä summer, der wird niä vergaa,
und diini hibschi wirsch dü niä verliäru.
Der tod müäss dich fa jetza so la schtaa,
är cha dich nit üss dischum liäd entfiäru.

so langs no jemant git wa läsu cha,
so lang bliibscht soo, wiä d'jetz hiä bischt, bischtaa.

Hier zum ersten Mal veröffentlicht.

Der Basler Germanist und Anglist Markus Marti (*1955) trägt diese Fassung in Wallisertitsch (Ortschaft Visp) bei.

134. Rolf Zumbühl 2003

verbländed Summerziit dii gliäwig Taag?
dii Schtuurmwind villes zunderobsi riärd
verschteikhd dii Brand is Uberlaife gaad
dii Wält erhudled is Verbliäje fiärd

vill Fiischtri chräsmed us dr uise wild
dii Schtilli uberfligled s dämpfig Blaiw
im Näbel weiggd dii Vogelzuug duur s Bild
und s trächdig Chiime tipfd dii gfrornig Taiw

is eewäch Wäärde schpiäglischd d Farwe niiw
khei Schatte tipfd diich usum chiidig Taal
vill Hittigs gisch is Wort vom moorndrig Bild
dii Heitri phakhd mängs Aig im ängge Haag

  diis Duire bländed iisren Aige Sinn
  miär ghijig glii duur d Sanduir gschliche sind

Hier zum ersten Mal veröffentlicht.

Der Nidwaldner Mundartlyriker Rolf Zumbühl (*1933) verfasste in diesem kleinen Konzert der 'schweizerischen Steigerungen' sicher die extreme Fassung, die ähnlich wie manch spätere noch, nicht mehr für jedermann spontan verständlich ist. Rolf Zumbühl selbst sei zitiert mit einer Erläuterung zu seinem Text: »Zu meinem Sonett in der Nidwaldner Mundart ist noch zu ergänzen, dass abstrakte überhöhte Verbindungen innerhalb der Verse bestehen. – „Verbländed" und „bländet" haben einen Bezug auf das „schpiäglischd". Die beiden Worte, Bild im Auf- und Abgesang, werfen die neuen Farben zurück und dadurch werden sie zu Spiegelbildern. Das Auge am Schluss hat eine innere und eine äussere Welt. Es sieht das Blenden, nimmt es in sich auf und leitet über in eine Welt nach dem Tod. Eine „Glänzi" nach dem Sterben, die neue Dimensionen aufzeigen will.«

135. Elisabeth Brägger 2003

(rückübersetzt aus dem Kisuaheli)

Vergleichen dich mit hoher Sommerszeit?
Erst scheu – bald ungestüm und heiss
Dem Windspiel gleich im Palmblattdach
trägt uns das Leben fort

Noch steht Sonnenglut im Tag
schon trüben Regenwolken Herz und Sinn
und alle Schönheit dieser Welt
vergeht in dunkler Nacht

Doch dein Sommer ist voll Sonnenglanz
keine so wie du
die Tod und Liebe übersteht
Allein dich sehen macht mich satt

Solang ein Mensch den Menschen liebt
stimmt das Hohe Lied er an

Hier zum ersten Mal veröffentlicht.

Diese besonders kuriose Fassung verdanken wir der Lyrikerin Elisabeth Brägger (*1931), die viele Jahre im Schweizer Konsulat in Tanga/Tansania arbeitete und uns aus ihrer Kenntnis des Kisuaheli diese Rückübersetzung lieferte. Kein allzu verwunderlicher Vorgang: Shakespeare wurde in Afrika durchaus wahrgenommen; so übersetzte kein Geringerer als der erste tansanische Präsident, Julius Nyerere, Shakespeares Dramen *Julius Caesar* und *The Merchant of Venice* ins Kisuaheli. Vor allem *Julius Caesar* wurde in den afrikanischen Befreiungsbewegungen der 1960er- und 1970er-Jahre sehr intensiv rezipiert.

136. Renate Wüstenberg 2002

En Sommerdag, de döcht woll nich, mien Fründ,
di tau verglieken, – milder is dien Oort,
friert 't so 'n lütt Blöming doch bi Küll un Wind
ok noch in 'n Mai. – De Sommer is man kort!
Und strahlt sien himmlisch Og, brennt 't ierst tau heit,
bet Düsternis em all sien Goldlicht nimmt.
Allns, ok dat Allerschönst, dat 't giwwt, vergeiht
as de Natur dat will – un wo 't grad kümmt.
Dien Sommer äwwers, de ward jümmers strahl'n
in Schönheit, de dor ewig läwt, denn nie
kann di de Dod eis in sien'n Schatten hal'n
un prahl'n dormit. – Mien *Wuurd*, dat gäw ick di!
  Solang, as 't Minschen, de dit hür'n warn, giwwt,
  läwst du in 't Lied, dat miene Leew di schrifft.

William Shakespeare siene Sonette – in 't Plattdüütsche oewerdragen von Renate Wüstenberg. Zeichnungen von Werner Schinko. Herausgegeben von der Fritz-Reuter-Gesellschaft, Rostock (Hinstorff) 2002, S.23.

Renate Wüstenbergs (*1953) Übersetzung ins vorpommersche Platt (der Gegend zwischen Tollensetal und Rügen) war ein besonderes Ereignis im Jahr 2002. Sie kontrastiert am klarsten zum Alemannischen. Im Internet: http://mitglied.lycos.de/JarmenMV/pages/Riemels4.htm.

137.   Marlou Lessing 2003

gliekst du to'n bispill enen sommerdag?
hm, nee. büst leevlicher, höllst ok mehr maat:
maiknubben rüttelt böen ut drömen waak
to'n sommer – un de steiht nich lang paraat...
mal brennt dat sünnenoog, mal liggt 't in daak
(wat gifft 't, wat nich to veel, to wenig deit?),
un alln's, wat schön is, kümmt to schönheit schraag
dör tofall, – eenfach dör unstedigkeit.
man du schast jümmers in en sommer stahn
de anners is, de schöönheit nich verleert:
in grootschen dood sin daak schast nienich gahn,
wieldat düss wöör di ewig wassen lehrt:
wo 't minschen gifft mit aten, oog un stimm,
geevt düss wöör leven di un wiest di jüm.

Hier zum ersten Mal veröffentlicht.

Auch Marlou Lessing (*1964) lieferte uns eine plattdeutsche Übersetzung von Nr. 18 für unsere Sammlung – in einer anderen Sprachvariante. Marlou Lessing übersetzte mehrere Shakespeare-Sonette, sie lassen sich im Internet nachlesen: http://www.plattpattu.de/kuenst/sonnets.htm.

138. Peter Wiens 2003

Etj meen, du litjenst eenem Sommadach
Doch du best schmocka noch, hast meea Kult
Dem Farjoa ritt dee Wint dee Bloome wajch
Dem Somma uck fehlt foaken dee Jedult

Mol schient dee Sonn vom Himmel vel to heet
En foaken es sien goldna Glaunz soo schwak
Daut Scheene es uck irjentwan nich scheen
Natua en Toofaul driewe Schobanak

Doch mucht dien eewja Somma nich vegone
Nich weinja woare, waut du Scheenet hast
En nich em Doot sien Schaute saulst du wohne
Wan benne best en eewje Tiet ea Nast

Soolang dee Mensch noch pust, sien Og noch sitt
Soolang uck left en Lewe jefft die dit

Hier zum ersten Mal veröffentlicht.

Diese plautdietsche Fassung von Peter Wiens (*1967) mag – wie die nachfolgende – noch als Deutsch empfunden werden, so schwierig sie auch zu verstehen ist. Es handelt sich um die Sprache mennonitischer Auswanderer aus Deutschland und den Niederlanden nach Nordamerika und Russland im 17. und 18. Jahrhundert. Plautdietsch meldet sich heute – vor allem in Amerika und Deutschland – mit neuem Selbstbewusstsein im Konzert der deutschen Sprachvarianten zurück. Die Gemeinde ist auch im Internet anzutreffen: http://www.plautdietschfreunde.de/

139. Heinrich Siemens 2003

Wann maun die mett nem Sommadach fejlitjt,
Best du vel schmocka, onn leeftolja uck.
Emm Mai de Storm wilt ewre Bloomtjes stritjt,
Oba dee Sommatiet fejeit soo fluck.
Mol schient too heet daut Og vom Himmel rauf,
Sien goldnet Aunjesecht woat foaken blauss.
Daut Scheene dreit vom Scheenen sich mol auf,
Derch Toofaul ooda dee Natua toom Pauss.
Dien eewja Somma mucht die bliewe tru,
Feschentj nich diene Scheenheit, hool se faust.
Emm Doot sien Schaute muchst nich waundre du,
Wann ennem eewjen Riem to Tiet du waust:
  Soo lang een Mensch noch odemt onn sitt Licht,
  Soo lang left ditt, onn du uck emm Jedicht.

Hier zum ersten Mal veröffentlicht.

Das zweite Plautdietsch-Beispiel ist vom ersten, vorangehenden, erstaunlich verschieden.

140. Hannchen Walter (Ps) 2003

De säcks'sche Fassung von Shakespeare sei achzendm Sonett

E Sommrdag un du is gei Vorgleisch,
denn deine Dembradur, de schwangt nisch su.
Kerschblihden drischt's im Mai bei Frost vum Zweisch.
Spät gommdr Sommr und macht och nisch fruh.
Denn gommdr endlisch, meindr's gleisch ze gud,
und lässt de Sonne knollen, bisses gracht:
Gewidderrejschen un Gohrhunderdflud. –
Vun Fall ze Fall, wie de Nadur des macht.
Dei Sommr is was Besseres, mei Schatz.
Dor heert nie uff, nie heerste uff ze blihn.
Nie schickt dor galde Dud disch mir vum Blatz.
Fur ewisch scheen bleibste dursch mei Bemihn.
  Solang de Menschen uff Guldur bestehn,
  bleibt mei Gedischt un disch wird man drin sehn.

Hier zum ersten Mal veröffentlicht.

Wir begeben uns sprachgeographisch wieder ein wenig nach Süden und genießen dieses stolze Pochen auf deutschen Kulturbesitz einer pseudonymen Autorin.

141. Jürgen Gutsch 2002, 2003

Mei Deanei is vui scheena wiara Föhndog,
gar net so wuid wia 's Weda, moanat i!
Glaabst, dass i bei de Bleaman ebba sehng mog,
wann s' in an Hagel zaust wean? No waarn s' hi!
Boi oans in dera Hitzn schnaufat, schwitzat,
waar so vui krachats Liacht gor nimma schee,
un was ko meara laichten, boi 's scho blitzat,
des is dem Weda grad sei oida Schmäh.
Jatz du, mei Liawe! Ewig schaugst du drei no,
so liab un jung, so sauber und so frisch!
Da Boandlkramer woaß, du weast di sei do
in dausent Johr net! Naa, an insan Disch
  red i un schreib vo dir, un sog 's an jedn,
  un du bist oiwei do, bloß zweng mein Redn!

in: Jürgen Gutsch: *„Millions of Strange Shadows" – Vom Übersetzen der Shakespeare-Sonette in jüngerer Zeit (nicht nur) ins Deutsche*, Shakespeare-Jahrbuch (München 2003) S.180.

Und noch ein Schritt nach Süden: Die bairische Fasssung des Herausgebers (*1939) orientiert sich an einem Literatur-Bairisch des 19. Jahrhunderts, etwa dem Franz von Kobells (*Die G'schicht' von' Brandner Kaschper*) um 1860, will sich also nicht als mit 'richtigen' Dialektdichtern konkurrierende Mundartlyrik verstanden wissen.

142. *Ulli Löchner 2003*

Wärsch du so schee bloß wie en Sommerdag,
's wär untertriebe, du mei gattlichs Kind:
Dr Sommer hat eh bloß 'n Zeitvertrag,
Unn scho die Maiegnoschbe zaust dr Wind:
Manchmol brennt viel zu heiß die Sonn herunder,
Unn oft hengt au a dunkle Wolk dervur,
Wie's dräähsch, die Scheenheit geht dr Bach hinunder,
Durch Zufall, odder d' Laune dr Natur;
Dei Sommer awwer soll uff ewich sei,
Unn koiner soll dein scheene Glanz dir klaue
Dr Sensemann kommt an dir net vorbei,
Uff denne Zeile kannsch firr immer baue:
   Solang mr schnaufe noch unn gucke kann,
   Lebsch du so weider, wie ich's gschriebe hann.

Hier zum ersten Mal veröffentlicht.

Ulli Löchner (*1948) schrieb diese Fassung in Heilbronner Mundart für unsere Sammlung.

143. Sofie Katská Dívka (Ps) 2003

Fragment von Vilém Florizel Šäx-Pivočeks Kommentar zu Ereignissen an einem gewissen Sommertag um 1600 gefunden in České Budějovice

No, denk ich mir, ferglajch ich Frajlajn mit Sommrtag, pittschän, abr wennich bedenk, käntmr sich misferstehn, wajl, no schaunsie, schaunsie, no was is schon mit Sommrtag, no istsich hajß unt wajß man nie, komtsich herich Kwitr, so wie in letztm Sommr – nowosogich Sommr, istsich jo noch auf Frielink gwest, pittschän – wo warich baj Tante Kateřina wo wir fahren nach Budwajs was istsich näxte Stadt, untschon kommtsich Kwitr. No kenntsich ferehrtes Frajlajn auch sajn belajdikt, wajl imr wenn komtsich Kwitr, komtsich forher Windstoß, was nicht plos schittlt Baumerln sowie baj unz indr Gossn wosich ist imr ganz kleprik in Frielink, sondrn was auch bläst ferertn Damen untr Recke, was gehertsich nicht, abr hatman schonmal gehärt, dass Kwitr hat Manieren? Unt wenn Sommr istsich fesch, dann istsich glajch wiedr forbaj, was ich fon Schänhajt baj hochferehrtr Dame nicht darf behauptn.

No, unt wennschon Sommr, no kannich mich entsinnen an Sommr wie Kusine Erika istsich kfalln fon Kirschnbaumerl wie sie hat wolln stibitzn fom Nachbar Nekrachtovil, was warsich unlajdigr Mentsch wenn hat kapt das Rajmatische, abr warsich nichtso schlimm, wajl er hat uns nicht können kriegn fonwegm dem Rajmatischn. No, kann ich fersichrn gnädigm Frajlajn, an manchn Tagn warsich so hajß, dass fon unsern Hienern die gute Bertitschka, was lekt immr zwaj Ajr wenn hat Frajd dazu, no, die Bertitschka hot klekt kajn Aj nicht, abr hotsich selbr hinklekt umzu ferrekn. No kentmr sagen, dass wennsich kommt knädix Frajlajn zu Psuch, no wirdsich die Bertitschka auferstehn fon Totn und wirt klajch legen draj Ajr fonwegn Festag.

No abr umzu wiedrholn, warsich das Sommr, no werdich nicht fergessn wajl immr wennich les Prieferl ans knädige Frajlajn wasich mich nie hab nicht traut abschickn, pittschän, denkich wie die Bertitschka was hot klekt zwaj Ajr am Tak wenn hat kapt Frajd dazu, istsich auferstiegn in Himml, –

... An dieser Stelle ging dem Verfasser die Tinte aus, so dass er neue besorgen musste. Während dieser Besorgung sei Pan Šäx-Pivoček in plötzlichem Entschluss über die Böhmische See gen England gesegelt, so erfahren wir aus einer sinistren Quelle – jedenfalls bricht der Entwurf leider an dieser Stelle ab. Doch wurde er später, um 1609 in London, in einer stark verknappten englischen Umdeutung als „Sonnet No. XVIII" des Dichters William Shakespeare berühmt.

Die kleine Fantasia wird hier zum ersten Mal veröffentlicht.

144. *Henkersmädel (Ps) 2003*

En Summerdag heeß isch disch meiner Lebdag net,
Du bisch jo no verrickter wie die Hitz,
Wonns alls den Dreck vunn Monnem riwwerweht –
Unn des isch im Vagleisch mit dir en Witz.
Weil manschmol brennt die Sunn net ganz so krass
Unn bloß vorm Gwitter isch de Dampf so wiescht.
Unn dann gippz Tääg, wo's alles zammepasst,
wemmer's halt grad emol denoch vawischt.
Du awwa, dir kummt eefach kääner bei,
Wonn du kummsch, mache alli Schnooge schlapp.
Wonn disch de Deifl holt (am beschte glei),
erschläscht er disch, un dann nommol dei Klapp.
Unn weesch, warum dass isch dess schreiwe duh? –
Uffgrescht hott's misch – un jetz isch Ruh!

Hier zum ersten Mal veröffentlicht.

Die Autorin (*1964) spricht hier zu uns in kurpfälzischer Mundart und eröffnet einen kleinen Reigen komischer Varianten.

145. *Heitrud und Reiner Scholz 2001*

Laß mich vergleichen Dich dem Sonnentag,
So schön im Wams, das deine Fülle hält.
Nur Kosendes ich deinen Tonnen sag',
Wenn sommerabends deine Hülle fällt.
Manchmal zu heiß das Himmelsauge scheint,
Oft ist sein Gold nur eine weit're Hürde;
Hat früher uns der Liebe Schau geeint,
Bringt uns das Alter nur noch heit're Würde.
Vergiß Vergeh'n, vergiß der Falten Spiel,
Kein ewig Licht auf dich die Lampen richt.
So manches durch der Zeiten Spalten fiel –
viel kürzer bleibst du heut' im Rampenlicht.
Solang den Blick du mir ins Mieder leihst,
Nur solang gelten heute Lieder meist.

Hier zum ersten Mal in einem Buch veröffentlicht.

Die Autoren (beide *1940) gehören zur Frankfurter Universitätsszene. Ihre Texte sind im Internet zu lesen http://www.schuettelreis.de/scholz.html; auf ihrem Site finden sich noch weitere Schüttelreime, doch ist ihr Sonett 18 eine besonders artistische Leistung.

146. Ingeborg Neunhäuser 2001

Vergleiche ich dich einem Sommertag?
Ich könnte es, ich wäre in der Lage;
Ein Kompliment jedoch wär das ganz ohne Frage
Von jemand nur, der Sommertage mag.

Ich mag die Sommertage nicht so arg.
Die Hitze ist's, die oftmals ich beklage.
Und auch die Mücken sind recht eine Plage.
Die Phantasie verdorrt, der Geist wird karg.

Und überhaupt: darf man denn beim Vergleichen,
Nur um sich selbst zu sparen Schöpferschweiß,
Den Shakespeare plündern, leih'n bei seinen Leichen?
Wer weiß, vielleicht fänd der das gar nicht nice?

Bei so viel off'nen Fragen bleibst du unausweichlich
Nun unverglichen. – Bist eh' unvergleichlich.

Der Text ist hier zum ersten Mal in einem Buch veröffentlicht.

Die Autorin Ingeborg Neunhäuser hat sich an einem hübschen Internet-Unternehmen beteiligt, auf das hier ausdrücklich hingewiesen sei: http://www.unibas.ch/shine/williamsbirne.htm.

147. Robert Gernhardt 2003

Soll ich vergleichen Euch dem Sommertag?
Ihr seid mehr lieblich und mehr temperiert:
Raffwind tut schütteln Maienblum im Hag,
Und Sommers Zeit ist allzu kurz datiert:
Manchmal zu heiß das Aug des Himmels sticht,
Und oft ist auch sein goldner Teint gedimmt,
Und jede Schönheit manchmal niederbricht,
Durch Zufall oder durch Natur getrimmt.
Eu'r ewger Sommer aber soll nicht weichen
Noch sei Besitz von Schönheit Euch gemaust,
Noch soll Tod zähln Euch zu den Schattenleichen,
Wenn ihr in ewgen Zeilen zeitlos haust:
So lang als Menschheit hat Gesicht, Gekeuch,
So lang lebt dies, und dies gibt Leben Euch.

Hier zum ersten Mal veröffentlicht.

Robert Gernhardt (*1937) – nach einem dem Amte wohlbekannten Fehltritt in Sachen Sonett-Kultur – schrieb nun in tätiger Reue diese Übersetzung für unsere Sammlung und betonte, er habe sich nach guter Übersetzer-Regel bemüht, *„so genau wie möglich und so frei wie nötig"* zu übersetzen. Wir bestätigen das Gelingen dieser Bemühung und erteilen Absolution.

148. Shakespeares Kater (Ps) 2003

Sonett Nr. 18 – Der Kater wendet sich an seinen Herrn

Vergleich ich deine Sommernacht mit meiner?
Da bist du viel zu ungeschickt und dumm.
Ich spüre, witt're mehr, mein Ohr ist feiner,
Blind tappst du in der Finsternis herum.

Nie lebst du tags gedämpft! Du machst Getöse!
Grell, schmerzhaft, wie das Himmelsauge blaut.
Wenn ich nachts lustvoll maunze, wirst du böse;
Reck' ich mich tatenfroh, so gähnst du laut.

Ich lass mich nicht des Mondenscheins berauben!
Da sing ich, tanz ich, greif nach Stern und Maus.
Prahl nicht mit deinem Sonn- und Alltagsglauben!
Seit Anbeginn gehn Kater abends aus.

So lang ein Katzenaug' im Finstern glüht,
Lebt auch die Nacht, der Leben gibt mein Lied.

Hier zum ersten Mal veröffentlicht.

Leider sind im deutschen Sprachraum die witzigen Katzengedichte Henry Beards (*POETRY FOR CATS, The Definitive Anthology of Distinguished Feline Verse*, New York 1994) weitgehend unbekannt geblieben; berühmten Originalgedichten der englischen Literaturgeschichte wird jeweils eine kätzische Fassung zugeordnet. Ein Sonet 18 fehlt leider in Beards Sammlung; doch spricht dort Hamlets Kater den berühmten Monolog. Aber offensichtlich besaß auch Shakespeare selbst einen Kater. Wir erhielten nämlich vom ersten Übersetzer der (noch unpublizierten) deutschen Version von Henry Beards Buch eine Fassung von Sonett 18, die diesem Kater ins – mit Verlaub – Maul gelegt ist.

149. *l.barnes (Ps) etwa 2000*

Soll ich dich mit DiCaprio vergleichen –
Dich: androgyner noch, fast feminin?
Starruhm kann schnell den Waschbrettbauch erweichen;
red wine & whisky nähr'n das Doppelkinn.
Die *hall of fame*: manchmal ein schlimmer Knast.
Der Glanz der Dollars: oft nur schwarze Kohle.
Speed und Ekstase? Was du hast,
ist ein *hang over* nach der Rock'n Rohle.
Das Traumbild deiner Schönheit soll sich halten,
next wave und *retro remix* überstehn;
kein Abgesang, kein Medientod, wenn Falten
trotz Chirurgie durch deine Züge gehn.
  Es nützt ja nichts, man kann nicht ewig liften.
  Nur PR hilft: Lass uns den Mythos stiften!

Dieser Text wird hier zum ersten Mal in einem Buch veröffentlicht.

Es gibt um die 70 Shakespeare-Sonett-Kontrafakturen von „l.barnes" (*1949), die sich alle der hier erkennbaren Verfremdungstechnik bedienen und dabei oft ganz erstaunliche Wirkungen erzielen; viele von ihnen waren einmal im Internet-Forum „im Loop" (http://www.imloop.de/) zu lesen, inzwischen leider nicht mehr.

150. Ulrike Draesner 1999

einem sommertag vergleichen, dich?
gesünder bist du, besser temperiert:
stickstoffwinde nagen die teuren maiknospen an,
geleaste sommerzeit fault dattelbraun, zu schnell:
zu viel UV strahlt durchs ozonloch ab und brennt,
oft ist der sonne teint von smog verhängt;
alles helle beugt periodisch helles in den fall,
chaotisch ist zufall, genetisch unser roulette;
doch in deinem zeitimmunen sommer tanzt keine zelle den fado,
keine verliert, dem du dich verdankst, ihr DNA-eldorado;
noch wird der tod prahlen, in seinem schatten wandre deine pracht,
wenn als buchstabenhelix du der zeit entwächst;
   solange einer atmen kann, solange augen sehn,
   solange lohnt auch dies und klont dir leben ein.

Ulrike Draesner: *TWIN SPIN, [17] Sonette von Shakespeare*, in: *to change the subject*, Göttinger Sudelblätter, hg. von Heinz Ludwig Arnold, Göttingen (Wallstein) 2000, S.18.

Ulrike Draesner (*1962) führt die Kontrafaktur-Technik noch ein Stück weiter – und zugleich endgültig weg aus dem Bereich des Komischen und Parodistischen. Im Internet ist sie zu finden unter: http://www.draesner.de.

151.   Gabriella Wollenhaupt 2003

Ich gleiche keinem Sommertag
Bin nicht so mild wie Honigsaum
Und meine Blüten knospen kaum
Weil warmen Wind ich nicht ertrag.

Mein Sommer ist ein Ränkespiel
Und meine Schönheit trifft ins Hirn
Mein Mal des Stolzes auf der Stirn
Ist jedem dumpfen Mann zuviel.

Die harten Seelen klopf ich weich
Mit lustvolldüstren Spinnenweben
Ich bin nicht zart und dennoch reich

An zärtlich-tiefem Liebesleben.
Ich atme mit dem Winde gleich:
Und werde mich in ihm erheben!

Hier zum ersten Mal veröffentlicht.

Gabriella Wollenhaupt (*1952) bedient sich des Textes für eine spezifisch feministische Mitteilung. Im Internet: http://www.grafit.de/autoren/autor_b.de.epl/autornr=22.

152. Franz Josef Czernin 1999

mit dem, was blüht und reift, soll ich dich selbst vergleichen?
du erst machst blumen schön, bringst maßvoll sie zum sprechen:
was treibt, das wird vertrieben, stürmisch muss verstreichen,
was drängt; bald platzt, was ins kraut schiesst so wild, muss brechen,

doch dein aug nicht. – die sonne? ist nicht stets besonnen,
sie brennt auf sich zu sehr; was färbt, oft färbt zu schön,
was schön tut, wendet blatt zu schnell; und kaum begonnen,
zerronnen bild ist schon, sich jedes ding muss drehn

und drehn und pflanzen, ach, auch fort; doch du, hier blauend,
sollst nicht verbleichen, was anhimmelt jetzt, bewahre
mit haut dich, haar; nie hier dein herz zerreisse, schauend
durchdringe stets sich selbst, ja überall dich offenbare

voll sinn: solang wir sind uns so im hauch, im wort,
lebendig und geflügelt stehst an diesem ort.

William Shakespeare, Franz Josef Czernin, *Sonnets, Übersetzungen*, München (Hanser) 1999, S.21.

Es handelt sich bei den Gedichten Franz Josef Czernins (*1952) natürlich so wenig wie bei denen Draesners oder Wollenhaupts um 'Übersetzungen'; – der Leser wird aber, gestählt durch inzwischen über 150 Fassungen bis hierher, schon das Richtige damit anzufangen wissen.

153.   Kerim Köstebek (Ps) 2003
...in Kanak-Sprak getürkt...

Du oda Somma, kein Vagleisch! Isch mak
disch mehr als den, bistu mehr angenehm.
Was blüht in Mai, erfriern kann auf ein Schlak.
Is Somma siemlisch kurz un su extrem.
Wenn Himmel Auge kriekt und Sonne brennt,
voll krass, geht Licht schon aus gleisch wie bei Schluss
von kurze Film, gibt nisch ma Happy-End.
Passiert was so, und alles kommt, wie muss.
Dein Sommer nach par Wochen weggeht nisch.
Du bleibs voll schön und keina macht kaputt.
Tod kriegt disch nie, und nie is Nacht für disch.
Mach isch schon Text von dir und alles gutt.
  So lange wie bei Menschen noch was geht,
  sie lesen, wie krass schön du bist konkret.

Hier zum ersten Mal veröffentlicht.

Verglichen mit dem Vorangehenden soll das Kanak-Gedicht den wieder ganz 'alltäglichen Ton', als den wir Shakespeares Original-Sonett inzwischen schon empfinden, an den Schluss unserer Sammlung stellen; es hat ihr ja schon den Titel gegeben. Die hier besonders reizvolle Frage, wen wir da als Autor begrüßen dürfen, wird leider auch durch Türkisch-Kenntnisse („Kerim Köstebek" = „der edle Maulwurf") nicht beantwortet.

Didaktischer Appendix

154. Edelgard Freiin zu Baumgarten-Bünzlin (Ps) 2003

Könnt Sommertag dir ebenbürtig sein,
dir, der du so voll Takt und Zartgefühl?
Zur Maienzeit noch fröstelt's Knöspelein.
Ach, Sommer ist zu kühl, zu kurz und schwül.
Entbrennt sein Feuer und sein Aug', es glüht,
fällt doch bald Finster auf sein goldnes Haupt,
geschwind wie's schönste Schön vom Schön verblüht
durch Schicksalsschlag beraubt, vom Herbst entlaubt.
Doch deinen Sommer zieret ewig lang
noch reinster blüh'nder Schönheit strahlend Licht.
Der Tod sei ferne dir! O sei nicht bang!
Es weiht dir ew'ge Zeilen mein Gedicht.
   Solange Menschen atmen, Augen schauen,
   wird sie dein Leben noch im Vers erbauen.

Hier zum ersten Mal veröffentlicht.

In einer Sammlung der deutschsprachigen Übersetzungen von Shakespeares Sonett 18 darf nun zum guten Schluss eine gleichsam vorbildhafte, paradigmatische Fassung nicht fehlen, die, geschult am bisher Geleisteten, Muster und Richtschnur gibt, wie unserem Gedicht auch künftig übersetzend zu begegnen ist. Auch ist ja der angestifteten Verwirrung durch die vielen Nachdichtungen, die hier ausgebreitet wurden, fast schon zu viel! Einen der gerühmten Bewerber (Regis, George, Schuenke...?) nun für die schönste Übersetzung mit dem Lorbeer zu bekränzen, fiele – trotz der erfolgreichen Zeitentrückung unserer Sache durch den großen William – über die langen Jahre hinweg doch schwer und brächte neue Konflikte. Verlag und Herausgeber haben darum nach einem Ausweg gesucht und die bekannte Auftragslyrikerin Edelgard Freiin zu Baumgarten-Bünzlin gebeten, eine Fassung zu erarbeiten, die eine Quintessenz darstellt und gegen Verfehlungen wie z.B. Köstebeks Übersetzung Stellung bezieht, sich zugleich auch zur Aufnahme in Unterrichtsmaterialien der gymnasialen Oberstufe empfiehlt, damit schon der Abiturient mit guten Begriffen von Metrum und Reim, Bild- und Gedankenwelt, wie sie einem Sonett eignen, die Universität beziehe. Verlag und Herausgeber wollen damit zeigen, dass sie auch einen didaktischen Beitrag zu leisten willens sind – und nicht nur den abgehobenen Gottesdienst des 'l'art pour l'art' feiern. Frau zu Baumgarten-Bünzlin kam der Bitte mit der ihr eigenen spontanen Herzlichkeit nach und überreichte sehr schnell das Ergebnis – nicht ohne dabei ob unsres ebenso spontanen Lobs ein wenig zu erröten! – Herausgeber und Verlag, vom Ergebnis der Sammlung nun selbst nicht mehr ganz unberührt, blicken verstohlen zur Seite, danken und beschließen ihre Arbeit mit zufriedenen Gefühlen bei der heiligen Zahl 154.

Zugabe

Was ist das? Tosender Beifall – Standing Ovations – Rhythmisches Crescendo – Zahlreiche Bravorufe – nicht enden wollender Applaus! Nun gut! Überredet! Otto Waalkes sprach einst in ähnlicher Lage: „Eins hab ich noch, eins hab ich noch!" Wir sprechen's ihm nach und kramen nach einer Zugabe in der Hosentasche:

155.   Das Übersetzer-Team spricht zum endgültigen Schluss 2003

Was sich von *uns* und Sommer sagen lässt?
Na, sonnig sind wir, echt gut drauf und so,
voll da und nie verpeilt! – Doch Sommer stresst
und macht viel Wind um seine kurze Show.
Erst strahlt der Medienhimmel, Sonne satt.
Nicht lang, dann isser grau. Kaum top, schon flop.
Flugs wird entsorgt, was keinen Biss mehr hat
laut Datum (siehe Deckel!) – ex und hopp.
Doch unser Sommer bloomt nonstop wie wild.
Mit *Will on Tour in Concert* wird's nie trist
bei diesem Groove, den nix und keiner killt,
– weil *sonnet eighteen* unkaputtbar ist!
  Solang wer lebt und liebt, der noch nicht blind,
  sind wir *on stage*, wie's Willis *sonnets* sind.

Hier zum ersten Mal veröffentlicht.

Wer nun unter unseren geneigten Lesern (oder gar unter unseren verehrten Autoren – o Schreck!) ein wenig griesgrämig dreinsieht, weil's offenbar mit dem Scherzen gar kein Ende mehr nehmen will, sei herzlich gebeten, vor der blätternden Rückkehr zu einem seriöseren Autor als den letzten ein wenig Verständnis zu versuchen mit dem Herausgeber, der nun 155 Fassungen des 18. Sonetts in einem Buch und binnen kurzer Zeit seelisch zu bewältigen hatte; schon die Alten wussten, weshalb sie Komödien auf Tragödien folgen ließen. – Nun aber doch die letzte Verneigung, und der Vorhang fällt. Liebe Leser, Sie waren ein wunderbares Publikum!

Jürgen Gutsch, geb. 1939, besuchte die EDITION SIGNAThUR in Dozwil und Uttwil von München aus im Oktober 2003 mit dem Velo (in Deutschland auch 'Fahrrad'), um uns das Manuskript vorzustellen. Er studierte in München Musikwissenschaft, Germanistik und Anglistik und war lange Jahre als Lehrer für Deutsch und Englisch am Gymnasium tätig. Den Shakespeare-Sonetten gilt seine Liebe und Leidenschaft seit langem. So veröffentlichte er Friedrich Gundolfs Shakespeare-Sonetten-Fragmente (München 1999), ebenso wie Erna Grautoffs 41 Übersetzungen (München 1998); die Entstehung anderer Übersetzungen hat er über Jahre hin persönlich und fachlich begleitet. Das „Shakespeare-Jahrbuch", München 2003, veröffentlichte seinen Aufsatz zur Situation der 'apokryphen' Übersetzer unter dem Titel *Millions of Strange Shadows*. Die nun vorliegende Sammlung aller bisherigen 18-Varianten ist über geraume Zeit von Annette Leithner-Brauns in Würzburg, von Eymar Fertig in Berlin und Bremen und von ihm selbst zusammengetragen und nun in mannigfacher Weise ergänzt worden; vor allem sind fast alle Mundart-Versionen, die Kontrafakturen, die Übersetzungen von Wolf Biermann, Hans Magnus Enzensberger und Robert Gernhardt völlig neu und erscheinen wie die 'Baum-namen-Suite' eines Anonymus hier erstmals im Druck. Vom vorliegenden Buch wird Jürgen Gutsch in der eigenen Werkstatt eine Sonderausgabe in 30 Exemplaren herstellen.

SIGNAThUR SCHWEIZ Literarische Vereinigung
und
EDITION SIGNAThUR

Sekretariat: Bruno Oetterli Hohlenbaum
Lehmwiesen 2 - CH-8580 Dozwil - signathur@gmx.ch Tel. 004171-411 00 91

DIE EDITION SIGNAThUR

ist der Verlag der literarischen Vereinigung SIGNAThUR SCHWEIZ. Hier erscheint seit 1997 dreimal jährlich:

HARASS – die Sammelkiste der Gegenwartsliteratur aus dem Sängerland (ISBN 3-908141- ..., ISSN 1423-0984)

Als ein Nischenverlag verhilft die EDITION SIGNAThUR geeigneten Autorinnen und Autoren zu eigenen Publikationen.

PUBLIZIERTE TITEL

- **HARASS** – Die Sammelkiste der Gegenwartsliteratur aus dem Sängerland: 18 Nrn. seit 1997. Einzelnummer Fr. 15.- / € 10. Abonnement: Fr. 35.- / € 30 inkl. Porto. ISBN 908141-01-X ff.; ältere Nummern Fr. 10.- / € 7.

- **Literatur auf Schloss Eppishausen.** Annette von Droste-Hülshoff im Kanton Thurgau, Lassberg etc. Neue Texte aus dem Bodenseeraum. 112 S., 1996. ISBN 3-908141-00-1, Fr. 20.- / € 14.

- **Bernays, Ludwig: SONETTE VON SHAKESPEARE IN DEUTSCHER ÜBERTRAGUNG.** (56) Sonette englisch und dt. Mit Anmerkungen zum engl. Text. 80 S. 2 Abb. Dozwil 2002, ISBN 3-908141-19-2 Fr. 18.- / € 12.

- **Gansner, Hans Peter: SONNE MOND & STERNHEIM.** APOKALYPTISCHE TRAGIFARCE um den Schweizer Aufenthalt des bedeutenden deutschen Komödienautors Carl Sternheim, der in Uttwil am Bodensee Kaiser Wilhelm empfing. 74 S. Exklusiver Bildanhang! ISBN 3-908141-16-8. Fr. 12.- / € 8.

- **Good, Josef: MICHAEL, GEH DEINEN WEG.** Ein Weg der Selbstfindung. 100 S. ISBN 3-908141-26-5 Fr. 20.- / € 14.

- **Herhaus, Ernst: MEINE MASKEN.** ERSTDRUCKE. Zum 70. Geburtstag des Dichters. Dozwil 2002, 66 S. ISBN 3-908141-18-4, Fr. 15.- / € 10.

- **Herhaus, Ernst: DAS INNERE DER NACHT.** GEISTLICH-POLITISCHES TESTAMENT. 384 S. Selbstverlag. Auslieferung nur gegen Voreinzahlung! Kein Rabatt für Buchhandlungen. Kreuzlingen 2002. Fr. 150.- / € 100.

- **Lippuner, Christian: WERKKATALOG 2003.** 38 S. 36 Abb. Malerei, Grafik, Skulpturen, Verdichtetes. Salenstein, September 2003, ISBN 3-908141-25-7, Fr. 20.- / € 14.

- **Oetterli Hohlenbaum, Bruno: AUFSCHRIEBE D.** Aufschriebe zu Deutschland in Gedichtform. 34 S. Dozwil 1999. Fr. 10.- / € 6.

- **Plähn, Johanna: KUMM, MIR GOND UM D'INSEL.** Gedichte, Versle, Sprüch in Lindauer Mundart. 56 S. Fr. 15.- / € 10.

- **Schwemmer, Felix: DER STORCH FLIEGT ZUM KÜRBIS – MORGENHELL IN MAROKKO.** Dreizeiler im Versmass des Haiku. 40 S. (fast vergriffen), Fr. 12.- / € 8.

- **Blätter aus der Hintergasse**, Politlyrik von Fritz Reutemann und zwei Grafiken von Christian Lippuner. 30 S. Salenstein und Dozwil, Okt. 2003, ISBN 3-908141-27-3. Biblioph. Ausgabe, num. und signiert! Fr. 25.- / € 16.

- **Gutsch, Jürgen (Hrg.): „...LESEN, WIE KRASS SCHÖN DU BIST KONKRET"**, William Shakespeare, Sonett 18, vermittelt durch deutsche Übersetzer in 154+1 Versionen. Studienausgabe. Br. 178 S., Dozwil 2003, ISBN 3-908141-28-1, Fr. 24.- / € 15. (Hierzu eine Vorzugsausgabe, die nicht im Handel ist.)

Bankverbindungen: Raiffeisenbank Dozwil: 1. Nr. 5930.01 (Vereinigung und Harass); 2. Nr. 26502.66 (Editionen). 3. Postbank Karlsruhe, BLZ 660 100 75, Konto Nr. 627 905 753